INTERNATIONAL
BUSINESS

비즈니스 국제 영어

차형석

– 한국외국어대학교 졸업
– 미국 필라델피아 Drexel LeBow MBA 졸업
– 한양대학교 국제학대학원 박사과정
– 삼성전자 국제 프로젝트 협상 전문가 (월트 디즈니, 소니, 파나소닉과 대형 프로젝트 협상)
– LG전자 대외 협력 사업 담당 (다국적 기업과의 비즈니스 협상 및 국제회의 통역)
– 번역서 : 〈올림픽 인사이드〉, 〈이노베이터 진실게임〉, 〈고객 충성의 신화〉
– 저서: 〈비즈니스 영어 핵심 패턴 233〉 등

English for Business Communication

International Business 비즈니스 국제 영어

지은이 차형석
펴낸이 정규도
펴낸곳 (주)다락원

초판 1쇄 발행 2008년 6월 5일
2판 1쇄 발행 2019년 11월 29일
2판 3쇄 발행 2022년 8월 1일

편집총괄 장의연
책임편집 김은혜
표지 디자인 하태호
본문 디자인 HADA 장선숙
전산 편집 페이지트리
삽화 김인화
사진 Shutterstock

다락원 경기도 파주시 문발로 211
내용문의: (02)736-2031 내선 522
구입문의: (02)736-2031 내선 250~252
Fax: (02)732-2037
출판등록 1977년 9월 16일 제406-2008-000007호

Copyright ⓒ 2008, 차형석

값 14,000원

ISBN 978-89-277- 0119-4 13740

http://www.darakwon.co.kr

• 다락원 홈페이지를 방문하시면 상세한 출판정보와 함께 여러 도서의 동영상강좌, MP3자료 등 다양한 어학 정보를 얻으실 수 있습니다.

ENGLISH FOR
BUSINESS
COMMUNICATION

INTERNATIONAL
BUSINESS
비즈니스 국제 영어

Heungsok Cha

DARAKWON

지금 들고 있는 책이
바로 당신의 미래다!

"영어의 달인이 되고 싶어요. 어떻게 해야 하죠?"

영어 강의를 하면서 이런 질문을 자주 받습니다. 하도 많이 듣는 질문이라 이제는 지겨워지기도 했고, 방법을 이야기해도 그대로 하는 사람이 적으니 대충 이렇게 말하고 상황을 마무리합니다.

"열심히 하세요. 매일 하루에 한 시간 이상씩은 해야죠."

사실 저도 가장 본질적인 질문을 여러분께 던지고 싶습니다.

"영어의 달인이 뭡니까? 그리고 영어의 달인이 된다면 뭘 하실 건가요?"

영어의 달인이란 영어를 모국어처럼 자유롭게 구사하는 사람들을 말합니다. 따라서 영어가 모국어가 아닌 우리는 영어의 달인이 될 필요도 없고, 될 수도 없습니다. 그저 자신에게 필요한 영어를 구사할 줄 알면 됩니다. 국악을 해외에 전파하려는 사람이라면 음악에 관한 영어를 공부하면 되는 것이고, 해외에 진출하려는 골프 선수라면 골프 영어를 공부하면 되는 것입니다.

이런 취지에서 이 책은 국제적으로 비즈니스를 해야 하는 사람들이 그저 비즈니스 영어를 잘 할 수 있도록 집필되었습니다. 그 동안 제가 IT 프로젝트 매니저로서 다양한 외국기업들을 상대하면서 실제로 사용했던 표현, 외국 바이어들이 썼던 표현 등을 이 책에 고스란히 담아냈습니다.

다시 말하면, 글로벌 비즈니스를 하다 보면 만날 수 있는 전형적인 상황은 물론 특수한 상황에서까지 능수능란하게 대처할 수 있는 표현들은 거의 다 있다고 보시면 됩니다.

영어 공부는 왕도가 없습니다. 다 아는 얘기지만, 스스로 입을 열고 표현을 하나씩 익혀갈 때 어느덧 외국인 앞에서도 당당한 자신을 발견하게 될 것입니다. 영어 실력은 자신이 키우는 것입니다. 이 책을 통해 열심히 공부하신다면 분명 여러분들은 자신도 모르는 사이에 국제 비즈니스의 달인이 되어 있을 겁니다!

끝으로 이 책의 구성과 집필에 많은 도움을 주신 다락원 편집부 여러분께 깊은 감사를 드리고, 사랑하는 아내와 아들 하랑이에게도 고마움을 전합니다. 특별히 언제나 함께 하시며 저의 손을 붙잡아주신 하나님께 감사드립니다.

영어가 욕심나서 영어가 좋아서 세상을 더 넓게 보는 창인 영어교육의 길로 들어선 필자는 이 책을 통해 한 줌의 '영어 희망'을 여러분들께 전달하고자 합니다. '변함없이 변화하는 삶'을 위하여!

저자 차형석

Contents

Overview

PART 1 국제 무역 International Trade

PART 2 협상 Negotiation

SPECIAL PART 비즈니스 이메일 Business E-mail

International Business
International Trade

PART 1
국제 무역

제품 정보 얻기

Vocabulary & Expressions

제품 Product

- **brand-new product** 신제품
- **brochure** (안내·소개용) 소책자, 브로셔(= pamphlet, booklet, catalog)
- **feature** (제품의) 특징
- **function** 기능
- **product quality** 품질
- **compatibility** 호환성
- **product manual** 제품 매뉴얼
- **mass production** 대량 생산
- **product specifications** 제품 사양
- **sample** 표본 제품
- **product line** 제품군
- **manufacture** 제조하다
- **launch** 출시하다(newly launched 새롭게 출시된)

> What are the **dimensions** of this product? 이 제품의 용적이 어떻게 되죠?

> It is 10cm **long**, 8cm **wide**, and 4cm **high**.
> 길이 10cm, 너비 8cm, 높이 4cm예요.

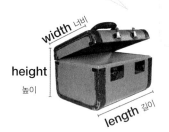

width 너비 / height 높이 / length 길이

제품의 종류

- **necessary goods** 필수품
- **convenience goods** 편의품
- **daily necessities** 일용품
- **temporary goods** 임시품
- **groceries** 식료품
- **medical supplies** 의료품
- **living supplies** 주거용품
- **raw materials** 원료
- **parts** 부품
- **equipment** 설비품

제품 특징 Product Features

- **easy-to-use** 사용하기 쉬운(= convenient)
- **light** 가벼운 **heavy** 무거운
- **portable** 가지고 다닐 수 있는
- **popular** 인기 있는
- **innovative** 혁신적인, 진보적인

- **high quality** 고품질
- **environment-friendly** 친환경적인
- **user-friendly** 사용자가 편한
- **various features** 다양한 기능
- **green features** 친환경적인 특징

Useful Expressions

I would like to ask you about your product line-up.   귀사의 제품군에 대해 **묻고 싶습니다.**

Let me explain the product's features.   제품의 특징을 **설명하겠습니다.**

Can I request a brochure?   브로셔를 하나 요청해도 될까요?

Where can I get some information on your products?   귀사 제품에 관한 정보를 어디서 얻을 수 있죠?

You can refer to our website.   저희 웹사이트를 참고하시면 됩니다.

What's the specification of this system?   이 시스템의 **사양이** 어떻게 되죠?

Vocabulary Check-Up

A Match the meanings on the left with the expressions on the right.

1	브로셔를 요청하다	·	· ⓐ	discontinue
2	사용하기 쉬운	·	· ⓑ	more popular
3	무게가 나가다	·	· ⓒ	easy-to-use
4	제품 기능	·	· ⓓ	request a brochure
5	더 인기가 있는	·	· ⓔ	product function
6	단종하다	·	· ⓕ	weigh

B Complete the sentences using the given words.

1 이 아이템의 용적이 얼마죠?
  ▶ What are the _____ of this item?

2 소니는 작년에 저렴한 노트북을 대량 생산하기 시작했습니다.
  ▶ Sony began _____ _____ of low-cost notebooks last year.

3 이것이 새롭게 출시된 저희 제품입니다.
  ▶ This is our _____-_____ product.

4 어떤 색상들이 구매 가능한가요?
  ▶ Which colors are _____?

5 이 제품이 이전 제품보다 더 많은 특징을 갖고 있습니다.
  ▶ This model has more _____ than the _____ model.

> **Words**
> available
> dimensions
> mass production
> features
> newly-launched
> previous

C Refer to the Korean and fill in the blanks.

1 이 상품의 주요 특징이 무엇이죠?
  ▶ What are the _____ _____ of this merchandise?

2 시애틀에 기반을 둔 솔리타 전자는 제품군이 다양하기로 유명합니다.
  ▶ Solita Electronics, based in Seattle, is well-known for its various _____ _____.

3 저희한테 브로셔를 100부 보내 주시고, R-100의 재고가 있는지 확인해 주세요.
  ▶ Please send us 100 _____ and make sure you have the R-100 _____ _____.

4 그들은 작년에 출시된 고품질 제품에 대단한 자부심을 갖고 있습니다.
  ▶ They are very proud of their _____-_____ products that _____ _____ last year.

5 친환경적인 제품들은 왜 일반 제품보다 비싼 거죠?
  ▶ Why are _____-_____ products more expensive than those which are not?

01.mp3

A ¹**I hear that** a new cell phone was launched recently.
Can you tell us about the specifications?

B Sure, it is combined with a new camera.

A I see. How many colors are available at the moment?

B It is available in two colors, red and blue.

A ²**I wonder** how much it weighs.

B It weighs only 500g.

A Which color is more popular?

B The red one ³**is more popular** than the blue one now.
Red looks sexier in general, I think.

Pattern Training

1   **I hear that** [_____]. ~라고 들었습니다.

① your product line has grown and become varied
② this is the best selling smart TV
③ you've just put out a new model

▶ 귀사의 제품군이 성장하여 다양화되었다고 / 이것이 가장 잘 팔리는 스마트 TV라고 / 귀사가 새로운 모델을 막 생산했다고

2   **I wonder** [_____]. ~가 궁금합니다.

① if I can download the brochure for this item
② where I can get some information about this cellular phone
③ how many colors are available

▶ 이 아이템의 브로셔를 다운로드할 수 있는지 / 이 휴대전화에 대한 정보를 어디서 얻을 수 있는지 /
몇 가지 색상이 있는지

새 정보 요청하기

유사 표현

· **I would like to know about** the
dimensions of this memory stick.
이 메모리 스틱의 용적을 알고 싶습니다.

· **Please tell me about** your product
portfolio.
귀사 제품의 포트폴리오에 대해서 말씀해 주세요.

3   [_____] **is more popular.** ~가 더 인기 있습니다.

① This white Ford pick-up truck
② This blue wallet
③ This robotic vacuum cleaner

▶ 이 흰색 포드 픽업트럭 / 이 파란색 지갑 / 이 로봇 청소기

Conversation 2 | Requesting product information 제품 정보 요청하기

02.mp3

A ¹**Can you tell me about** the features of your new bathing suit?

B Yes, it's so light it feels like you are not wearing anything.

A Really? Did you get some feedback from your customers?

B Yes. They are very happy with the quality. And, unlike our competitors, we only use premium-quality fabrics.

A Sounds great! ²**Where can I get** some information about it?

B ³**You can refer to** our website, www.goodswim.com. Or, if you want more detailed information, I can send you a brochure.

A Thank you. I would like to take a look at the website first.

Pattern Training

1 **Can you tell me about** [＿＿＿＿＿]? ~에 대해 말씀해 주시겠습니까?

① the cosmetic design of this model
② the newly-launched air conditioner
③ this brand-new mouse

▶ 이 모델의 외관 디자인 / 새롭게 출시된 에어컨 / 이 신형 마우스

자세한 정보 요청하기

유사 표현
· **Can you be more specific about** the features?
특징을 좀 더 자세히 말씀해 주실래요?

반대 표현
· **Can you give me a rough idea of** what the product looks like?
제품이 어떻게 생겼는지 대략적으로 말씀해 주실래요?

2 **Where can I get** [＿＿＿＿＿]? ~을 어디서 얻을 수 있죠?

① the product's specifications
② some information on the software program
③ more details about the sunglasses

▶ 제품 사양 / 소프트웨어 프로그램에 관한 정보 / 선글라스에 관한 더 자세한 내용

3 **You can refer to** [＿＿＿＿＿]. ~을 참조하시면 됩니다.

① our website for the product's specifications
② the user manual to find out how to put the product together
③ the survey conducted by market analysts

▶ 제품 사양은 저희 웹사이트 / 제품 조립 방법을 알기 위해서는 사용자 매뉴얼 / 시장 분석가들이 실시한 조사 자료

Practice 1 — Let's Speak!

A Fill in the blanks with the given words.

us	about	how	hear	refer	to
specific	more	many	tell	that	

1 A: Can you _____ _____ _____ the newly-published dictionary?

　　B: Yes, it consists of over 300 pages.

　　새로 출간된 사전에 대해 저희에게 말씀해 주시겠습니까? – 네, 그 사전은 300쪽 넘게 구성되어 있습니다.

2 A: I _____ _____ this product has more functions than the previous one.

　　B: Yes, it does.

　　이 제품이 이전 제품보다 더 많은 기능을 가지고 있다고 들었습니다. – 네, 맞습니다.

3 A: Can you be _____ _____ about this item?

　　B: Sure, it is combined with our auto translate system.

　　이 제품에 대해 좀 더 구체적으로 말씀해 주시겠습니까? – 그러죠. 이 제품은 저희의 자동 번역 시스템과 결합되어 있습니다.

4 A: Can I get some information on this book?

　　B: You can _____ _____ our website.

　　이 책에 대한 정보를 얻을 수 있을까요? – 저희 웹사이트를 참조하시면 됩니다.

5 A: I am wondering _____ _____ colors are available.

　　B: It is available in blue and red.

　　몇 가지 색상이 있는지 궁금합니다. – 파란색과 빨간색이 있습니다.

B Complete the conversation.

　　A: Can you _____?

　　B: It has more functions than the previous model.

　　저희에게 이 신제품에 대해서 말씀해 주시겠습니까? – 이 제품은 이전 모델보다 더 많은 기능을 가지고 있습니다.

　　A: Can _____?

　　B: Yes, it is combined with a voice recorder so that you can recorder your voice.

　　좀 더 구체적으로 알려 주신다면요? – 네, 그건 음성 녹음기와 결합되어 있어서 음성을 녹음할 수가 있어요.

　　A: Sounds great! Please let me _____.

　　그거 괜찮네요! 어디서 그것에 대한 정보를 얻을 수 있는지 알려 주세요.

A-1 Listen and answer the questions below.   03.mp3

1 When will the new notebook be launched?

▶ _____

2 Where can people get some information on the new notebook?

▶ _____

3 How many colors will be available?

▶ _____

4 What's the weight of the notebook?

▶ _____

A-2 Listen and check true or false.   03.mp3

	True	False
1 Ms. Johnson can find the brochure on the Internet.		
2 There are no brochures available now.		
3 Mr. Kim is planning to send the brochures tomorrow.		
4 Ms. Johnson does not know her mailing address.		

+ BIZ TIPs   세계 비즈니스 문화 탐방 - 미국 편

비즈니스 파트너의 문화를 아는 것은 성공적인 비즈니스를 이끄는 중요한 요소다. 그러면, 미국인들의 비즈니스 문화는 어떨까?

▶ 식사 중에 비즈니스와 관련된 대화를 한다고 해서 큰 문제가 되지는 않는다. 오히려 미팅을 아침식사 시간, 점심식사 시간, 저녁 식사 시간으로 잡는 경우도 허다하다. 다만 저녁 식사는 대부분 사교의 자리로 활용되는 경우가 더 많다.

▶ 많은 미국 회사들은 선물을 받는 것을 규제하고 있는 것이 사실이나 성의를 표시하는 선물은 괜찮다. 단, 절대로 뇌물처럼 보여서는 안 된다.

▶ 식사를 하고 나서 이쑤시개를 사용하지 말자. 불결해 보일 수 있다.

▶ 미국 역시 대부분의 공공장소가 금연구역이다. 지정된 장소를 제외하고는 담배를 삼가자.

가격 인하 요청하기

Requesting a Price Reduction

Vocabulary & Expressions

가격 Price

- **market price** 시장 가격(시장에서 소비자들이 받아들이는 가격)
- **list price** 정가(= regular price)
- **cut price** 할인 가격(= discounted price)
- **rock-bottom price** 최저 가격
- **reasonable price** 적절한 가격
- **quote** 견적서(제품가격에 대한 공식적인 문서)
- **price gap** 가격 차이

할인 Price Reduction

- **bargain** 싼 물건
- **bargain price** 특가
- **bargain sale** 특가 판매
- **on sale** 할인 중인(≠ for sale 판매 중인)
- **quantity discount** 대량주문 할인
- **discount** 할인하다
- **cut by (금액)** 가격을 ~만큼 깎다
- **get (금액) off** ~만큼을 할인받다(= get a discount of 금액/할인율)
- **offer a discount** 할인을 제공하다

세 가지 대표 가격 조건

판매자나 구입자 중 어느 쪽이 운송 및 보험 비용을 얼마나 부담하느냐에 따라 제품의 가격이 책정된다.

EXW(ex works) 공장 인도
▶ 구입자가(buyer) 공장에서 인도받은 이후의 내륙 및 해상 운송비, 보험료 등 일체를 부담하는 조건

FOB(free on board) 본선 인도
▶ 판매업자가(seller) 배에 선적하기 전까지 드는 비용을 부담하는 조건

CIF(cost, insurance, and freight) 운임보험료 포함 인도
▶ 판매업자가(seller) 구입자의 창고에 도착하기까지 소요되는 모든 경비를 부담하는 조건

비용 Cost

- **low-cost** 저비용의
- **cost-effective** 비용 효율적인
- **cost-cutting** 비용 절감의
- **be cheap** 값이 싸다(= be low in price)
- **be expensive** 값이 비싸다(= be high in price)
- **be priced at (금액)** 가격이 ~로 매겨져 있다

Useful Expressions

What's the CIF price of the mountain bike?
산악자전거의 CIF 가격은 얼마입니까?

I prefer the FOB price rather than the CIF price.
저는 CIF 가격보다 FOB 가격을 선호합니다.

We should cut the market price by $20.
우리는 시장 가격을 20달러 내려야 합니다.

Can you offer a quantity discount?
대량주문 할인을 해 줄 수 있나요?

The safety helmet is priced at $45.
그 안전모는 45달러로 가격이 매겨져 있어요.

You will get 10 dollars off per unit.
대당 10달러씩 깎아드리죠.

Vocabulary Check-Up

A Match the meanings on the left with the expressions on the right.

1 할인된 가격 · · ⓐ reasonable price

2 최저 가격 · · ⓑ discounted price

3 대량주문 할인 · · ⓒ cost-cutting

4 비용 절감적인 · · ⓓ quantity discount

5 할인 중인 · · ⓔ rock-bottom price

6 적당한 가격 · · ⓕ on sale

B Complete the sentences using the given words.

1 사실, 저는 더 저렴한 것을 찾고 있습니다.
   ▶ Actually, I _____ _____ _____ a cheaper one.

2 품질에 관해서는 저희 회사가 최고입니다.
   ▶ When it comes to _____ _____ , we are the best company.

3 X타입의 가격은 대당 56달러입니다.
   ▶ The price of the X-type is $56 _____ _____.

4 이 모델은 파란색과 흰색으로 나옵니다.
   ▶ This model _____ _____ blue and white.

5 정가에서 15달러를 할인받을 수 있습니다.
   ▶ You can _____ 15 dollars _____ the regular price.

Words
come in
product quality
per unit
look for
get off

C Refer to the Korean and fill in the blanks.

1 AB-478의 견적을 좀 내 주실래요?
   ▶ Can you give me a _____ on the AB-478?

2 저는 CIF 가격을 10퍼센트 깎아 주셨으면 합니다.
   ▶ I would like you to cut the CIF price _____ 10 percent.

3 그게 바로 우리의 새 휴대전화가 800달러로 가격이 매겨진 이유입니다.
   ▶ That's why our new mobile phone is _____ _____ $800.

4 이 최신 모델은 이전 모델보다 훨씬 저렴합니다.
   ▶ The newest model is a lot _____ _____ the previous one.

5 이 두 제품의 가격 차이는 얼마인가요?
   ▶ What is the _____ _____ between these two products?

04.mp3

A **¹What's the** FOB **price of** the newest camera, the Palm-30G?

B It's $390. It will come in black, white, and light blue.
It will also be able to store 30 gigabytes worth of files.

A **²How about** the previous model, the Palm-3G?

B The Palm-3G costs $190.

A Really? **³Could you explain why** the price gap between the two is huge?

B The Palm-3G only stores 3 gigabytes.

A I see. Can you offer a quantity discount if I order 1,500 units of the Palm-30G?

B Yes, then you will get 10 dollars off per unit.

Pattern Training

1 **What's the price of** [_____]? ~의 가격은 얼마입니까?   `가격 묻기`

① the notebook on display

② the refrigerator that you launched last month

③ the 4-door sedan you are planning to put out next week

▶ 진열된 노트북 / 지난달에 출시한 냉장고 / 다음 주에 출시할 계획인 4도어 세단

유사 표현
- **How much is** the red one?
  빨간색은 얼마입니까?
- **How much does** the HDTV **cost**?
  HDTV의 가격은 얼마죠?

2 **How about** [_____]? ~는 어떻습니까?

① the X-Razor 4G with its built-in 7-megapixel camera

② the mobile phone that will be released in October

③ the desktop computer on the bottom shelf

▶ 700만 픽셀 카메라를 내장한 X-Razor 4G / 10월에 출시될 휴대전화 / 바닥 선반에 있는 데스크톱 컴퓨터

3 **Could you explain why** [_____]? 왜 ~인지 설명해 주시겠어요?

① the price of this item is extremely high

② you prefer the CIF price

③ the sales tax rate is 6 percent

▶ 이 제품의 가격이 엄청나게 비싼지 / CIF 가격을 선호하는지 / 판매세율이 6퍼센트인지

05.mp3

A Mr. Kim, ¹**can you give me a quote on** this model?

B Yes, I will go and check on that...
It's currently priced at $170 per unit.

A That's too high. Can you quote me anything cheaper?

B We are afraid that that's our rock-bottom price.

A But ²**Samy is selling** the same model **for** only $140.

B ³**When it comes to** quality, there is no comparison.

A That's great news. But as you know, customers are always
looking for cheaper prices. I would like you to cut the price
by $20.

Pattern Training \

1 **Can you give me a quote on** [＿＿＿＿＿]**?** ~에 대한 견적을 내 주시겠습니까?

① the motorcycle
② the DVD player manufactured in China
③ the video projector that comes with a 1-year full warranty

▶ 오토바이 / 중국에서 제조된 DVD 플레이어 / 1년 품질보증이 포함된 비디오 프로젝터

2 **Samy is selling** [＿＿＿＿＿] **for** [＿＿＿＿＿]**.** 새미 사는 ~을 …에 팔고 있습니다.

① all the air conditioners in stock, $4,500
② this item, only $10
③ this sleek earbuds, $120

▶ 모든 재고 에어컨을 4,500달러 / 이 제품을 단돈 10달러 / 이 근사한 이어폰을 120달러

3 **When it comes to** [＿＿＿＿＿]**,** [＿＿＿＿＿]**.**

~에 관해서라면, ….

① the prices of cordless tools, no one beats our prices
② the sales tax, you pay it on things that you buy
③ good design, keep it as simple as possible

▶ 무선 연장의 가격에 대해 말할 것 같으면, 아무도 저희 가격을 이길 수 없어요 /
판매세에 관해서라면, 귀사가 구매한 물품에 대해서는 귀사에서 지불합니다 /
좋은 디자인에 관해서라면, 가능한 단순하게 유지하십시오

새 화제 꺼내기 / 다시 언급하기

유사 표현

▸ **Speaking of** product quality, our
company is second to none.
품질에 대해 말하자면, 우리 회사가 최고입니다.

▸ It is hard to beat Xiaomi Electronics
as far as price **is concerned.**
가격에 관한 한, 샤오미 전자를 당해내기 힘듭니다.

A Refer to the picture and complete the conversation.

A: What's the price of this refrigerator?

B: It's on sale. It's $560.

A: How many colors does it come in?

B: It _____.

A: How about that one over here?

B: It's not on sale. It's $890.

A: Really? Can you _____?

흰색과 검은색이 있습니다.

두 가지의 가격 차이가 왜 이렇게 큰지 설명해 주시겠어요?

B Complete the conversation with the given words.

give a discount	rock-bottom price	sell ~ for	give a quote

A: Could you _____ _____ _____ _____ on this motorcycle?
저 이 오토바이 견적 좀 내 주실래요?

B: Yes, we are _____ it _____ $2,500.
네, 저희는 그 제품을 2,500달러에 판매하고 있습니다.

A: Hmm… Can you _____ _____ _____ _____ if I order two?
흠… 두 대를 주문하면 할인해 주시나요?

B: We are afraid that this is our _____-_____ _____.
죄송하지만 이게 저희의 최저가격입니다.

A: The store across the street is selling the same model for $2,200.
맞은편 가게는 같은 모델을 2,200달러에 판매하던데요.

C Match the beginnings of the sentences with their endings.

1 You will get 20 dollars   ⓐ there is no comparison.

2 I would like you   ⓑ to cut the price by $10.

3 The retail store is selling   ⓒ on this printer?

4 When it comes to quality,   ⓓ off the regular price.

5 In general, customers always   ⓔ this model for $110.

6 Could you give me a quote   ⓕ look for cheaper ones.

A Listen to the conversation and answer the questions. 06.mp3

1 What's the list price of the 24˝ LCD monitor?

▶ Its list price is :_____ :.

2 How much does the man have to pay to buy the 24˝ LCD monitor?

▶ He has to pay :_____ :.

3 Is $790 a cut price or a regular price?

▶ $790 is a :_____ :.

4 Is the 27˝ LCD monitor on sale?

▶ Yes, it's :_____ :.

B Listen to the conversation and fill in the blanks. 07.mp3

A: This book ____¹_____ _____ _____ _____ .

B: Can you ____²_____ _____ _____ _____ _____
if I order ____³_____ _____ 10 books?

A: Yes, you will ____⁴_____ _____ _____ per unit.

B: That's nice. Then could you tell me how much I have to pay
in total?

+ BIZ TIPs 상대방의 의견을 정중하게 묻는 방법

▶ **What's your opinion of ...?** ~에 대한 당신의 의견은 어떠세요?

What's your opinion of the cosmetic design of this
product? 이 제품의 외관디자인에 대한 당신의 의견은 어떤가요?

▶ **Could you elaborate on ...?** ~에 대해 자세히 말씀해 주시겠습니까?

Could you elaborate on the product line?
그 제품군에 대해 자세히 말씀해 주시겠습니까?

▶ **I would like to hear your point of view about**
~에 대한 당신의 견해를 듣고 싶습니다.

I would like to hear your point of view about our
competitors' products.
저희 경쟁사 제품들에 대한 당신의 견해를 듣고 싶습니다.

WEEK 03
주문과 배송

Order and Delivery

Vocabulary & Expressions

구매와 주문 Purchase and Order

- **purchase** 구매하다(= buy); 구매
- **purchase order** 구매 주문서
- **order** 주문하다(= place an order); 주문
- **take an order** 주문을 받다
- **fill an order** 주문을 처리하다
- **out of stock** 재고가 떨어진, 품절된
- **quantity** 수량
- **bulk order** 대량주문

결제 조건

- **T/T (Telegraphic Transfer)**
  전신환 송금(= wire-transfer): 대금을 먼저 받고 물품을 구매자에게 주는 것
- **L/C (Letter of Credit)** 신용장 거래
  은행에서 구매자의 보증을 서준 상태에서 물품을 구매자에게 주는 것
- **OA (Open Account)** 외상 거래
  구매자의 신용을 믿고 물품을 외상으로 주는 것

지불과 배송 Payment and Delivery

- **ship** 선적하다, 운송하다(shipment 선적)
- **deliver** 배송하다
- **make a payment** 지불하다(= pay)
- **meet the deadline** 마감일에 맞추다
- **delivery date** 납품일
- **shipping documents** 선적 서류
- **customs clearance** 통관
- **by air freight** 항공 화물로
- **by sea freight** 해상 화물로(= by vessel)
- **by land** 육로로
- **by truck** 트럭으로
- **by train** 기차로
- **by express delivery** 특급 우편으로

고객 서비스 Customer Service

- **after-sales service** 애프터 서비스(AS)
- **return policy** 환불제도(= money-back guarantee)
- **warranty / guarantee** 품질보증
- **repair service** 수리 서비스
- **on-site service** 출장 수리 서비스
- **meet the needs of A** A의 요구를 만족시키다

Useful Expressions

I would like to place an order for 200 mobile phones.	휴대전화 200대를 **주문하고 싶습니다.**
What sort of warranty do you offer on this TV set?	이 TV에는 **어떤 종류의 품질보증을 제공하나요?**
Could you please make a payment by a T/T?	T/T(전신환 송금)로 **지불해 주시겠어요?**
How soon can you deliver the DVD players?	DVD 플레이어는 **얼마나 빨리 배달해 주실 수 있습니까?**
This order has to meet the Christmas deadline.	이 주문은 성탄절 **납기일을 맞춰야 합니다.**

Vocabulary Check-Up

A Match the meanings on the left with the expressions on the right.

1 주문품을 배송하다 · · ⓐ place an order

2 생산 능력 · · ⓑ meet the deadline

3 납기일을 맞추다 · · ⓒ under warranty

4 주문하다 · · ⓓ after-sales service

5 품질보증 기간 중인 · · ⓔ deliver an order

6 애프터 서비스 · · ⓕ production capability

B Complete the sentences using the given words.

Words
ship
fax
shipping company
how soon
warranty
within
offer
purchase order
deliver

1 얼마나 빨리 MG-500 200대를 저희 창고로 배송해 주실 수 있나요?
   ▶ _____ _____ can you _____ 200 units of the MG-500 to our warehouse?

2 저희는 신용장이 도착한 후 50일 이내에 귀사의 제품을 선적할 계획입니다.
   ▶ We plan to _____ your items _____ 50 days of arrival of your letter of credit.

3 이 손목시계에 대해서는 어떤 품질보증을 제공하시나요?
   ▶ What sort of _____ do you _____ on this wristwatch?

4 내일 아침까지 주문서를 팩스로 보내 주시겠습니까?
   ▶ Can you _____ the _____ _____ by tomorrow morning?

5 저희는 보통 지정된 운송회사를 이용합니다.
   ▶ We usually use our designated _____ _____.

C Refer to the Korean and fill in the blanks.

1 저희는 출장수리 서비스를 제공합니다.
   ▶ We offer _____-_____ _____.

2 구매에 만족하지 못 하실 경우에 환불해드리는 보증 제도가 있습니다.
   ▶ There is a _____-_____ _____ if you are not happy with your purchase.

3 제가 지난달에 주문한 제품들을 배로 보내 주십시오.
   ▶ Please ship the products that I _____ last month _____ vessel.

4 외상으로 물건을 구매할 수 있나요?
   ▶ Can we _____ the products on _____?

5 귀사에서 신용장으로 대금을 지불할 수 있는지 알려 주세요.
   ▶ Please let me know if you can _____ _____ _____ by a letter of credit.

08.mp3

A What can I do for you, Mr. Howard?

B [1]**I would like to place an order for** 500 units of the MP3-5G.

A Okay, first [2]**let me check** the inventory status. Oh, we have enough in stock to fill your order.

B That's great. [3]**How soon can you deliver** them to my warehouse if I fax the purchase order today?

A Within 45 days of arrival of your L/C.

B Can you make it one month if you ship them by air? This order has to meet the Christmas deadline.

A Okay, I will give your order top priority.

Pattern Training

1   **I would like to place an order for** _____. ~을 주문하고 싶습니다.

① a hundred safety helmets
② some items from your catalog
③ the digital camera that was released last month

▶ 안전모 100개 / 귀사의 상품안내서에서 제품 몇 개 / 지난달에 출시된 디지털 카메라

2   **Let me check** _____. ~을 확인해 보겠습니다.

① the price list
② our production schedule for next month
③ the delivery date by contacting our designated shipping company

▶ 가격표 / 다음달 생산 일정 / 우리의 지정 운송회사를 접촉해서 배송일

3   **How soon can you deliver** _____? 얼마나 빨리 ~을 배송할 수 있나요?

① the HD DVRs if you ship them by air
② the CCTV cameras that we ordered last week
③ the drones if we open a letter of credit tomorrow

▶ 항공으로 배송한다면 HD DVR / 지난주에 주문한 CCTV 카메라 / 만일 우리가 내일 신용장을 개설한다면 드론

Conversation 2 Warranties and payment methods 품질보증과 지불 방법

09.mp3

A [1]**What sort of warranty do you offer on** the Superprint III?

B It's a one-year warranty. It starts twelve month from the date of purchase.

A Could you tell me something about your service?

B We offer on-site service. Besides, there's a 7-day money-back guarantee if you're not satisfied with the printer. However, I know [2]**you can't go wrong with** the Superprint III.

A That sounds nice. I'd like to place an order for 1,500 units.

B [3]**Could you please make a payment by** a letter of credit?

A Of course. And I will fax a copy of my order to you now.

Pattern Training

1   **What sort of warranty do you offer on** [_____]?

~에 대한 품질보증이 어떻게 됩니까?

① the air purifier
② the headset that was displayed at the KAEA show
③ this vacuum cleaner that works well on hard floors and rugs

▶ 공기청정기 / KAEA 전시회에 진열되었던 헤드폰 / 딱딱한 마루와 깔개에 강한 이 진공청소기

> **품질보증 확인하기**
>
> 유사 표현
> - **What is the warranty period for ACE products?**
>   ACE 제품의 품질보증 기간이 어떻게 되죠?
> - **I would like to know the warranty policy on** this TFT monitor.
>   이 TFT 모니터에 대한 품질보증 정책을 알고 싶습니다.

2   **You can't go wrong with** [_____].

~에 문제가 생길 리가 없습니다.

① this gray hand towel dispenser
② our newly-launched headphone
③ our washing machine featuring easy-touch buttons

▶ 이 회색 수건 공급함 / 새로 출시된 헤드폰 / 손쉬운 터치 버튼이 특징인 저희 세탁기

3   **Could you please make a payment by** [_____]?

대금은 ~로 지불해 주시겠습니까?

① a T/T in advance
② a personal check
③ credit card

▶ 선불 / 개인 수표 / 신용카드

A   Choose the correct answers to the questions.

1. How do you want me to ship your items?
2. How soon can you deliver our goods?
3. I wonder if you can deliver our products by the end of next month.
4. Can you fax me the purchase order right now?
5. What sort of warranty do you offer on this model?

Answers

ⓐ Let me check our production capability first.

ⓑ We provide a 2-year warranty.

ⓒ Within 30 days from the date of your order.

ⓓ Sure, please let me know your fax number.

ⓔ Please ship them by air.

B   Refer to the Korean and complete the sentences.

1. 이 화장품들의 품질보증 기간이 얼마나 되죠?
   ▶ _____ these cosmetics?

2. 제가 지불은 어떻게 해야 하죠?
   ▶ How _____?

3. 제가 이 제품들을 OA거래로 구매할 수 있나요?
   ▶ Can _____?

C   Match the beginnings of the sentences with their endings.

1. I want to place   ⓐ to fill your order.
2. What sort of warranty   ⓑ do you offer on this phone?
3. Could you please make   ⓒ meet the deadline of May.
4. This order has to   ⓓ a payment by credit card?
5. Can you ship two boxes   ⓔ of the perfume by airfreight?
6. We have enough in stock   ⓕ an order for books and catalogs.

A Listen to the conversation and fill in the chart. 10.mp3

Model No.	Order Quantity	Warranty Period	Payment Method
3G-PB			

B Listen and answer the questions. 11.mp3

1 How soon can the man deliver the products?

▶ _____

2 What payment method did the man mention?

▶ _____

3 How does the woman want to ship the products?

▶ _____

4 When is the deadline for the products?

▶ _____

C Listen to the conversation and fill in the blanks. 12.mp3

A: ¹_____ some of the merchandise I ordered from you about three days ago.

B: ²_____?

A: Yes, I did. I want to ³_____ for 3R-50s and instead get 3T-50s.

B: I see. Let me pull up your invoice first. Okay, here it is.

클레임 처리하기

Dealing with Claims

Vocabulary & Expressions

제품 문제 Product Problems

- **be out of order** 고장 나다
- **break down** 고장 나다, 파손되다(breakdown 고장, 파손)
- **not work** 작동하지 않다
- **crash** (컴퓨터 등의 시스템이) 멈추다
- **malfunction** 오작동하다; 오작동
- **cause a problem** 문제를 일으키다
- **sub-par quality** 평균 이하의 품질
- **overcharged bill** 초과 부가된 청구서
- **malfunction** 오작동
- **defective unit** 불량품(= faulty unit)
- **damaged goods** 손상된 상품
- **shipping delay** 배송 지연
- **glitch** 기계 결함, 고장

문제 해결 Problem-Solving

- **resolve** (문제를) 해결하다(= iron out, work out)
- **refund** 환불해 주다
- **get a refund** 환불받다
- **reimburse** 변상하다
- **recall** 회수하다
- **replace A by[with] B** A를 B로 교체하다
- **replacement** 교체품
- **dispatch an engineer** 엔지니어를 파견하다
- **claim damages** 손해배상을 청구하다
- **take legal action** 법적 조치를 취하다
- **follow company policies** 회사 정책을 따르다
- **customer rights** 소비자 권리
- **customer satisfaction** 고객 만족

Useful Expressions

I would like to complain about your services.	저는 귀사의 서비스에 불만이 있습니다.
I will see what I can do.	제가 조치를 취해 보겠습니다.
The management is considering legal action.	경영진은 법적 조치를 고려하고 있습니다.
We are sorry for the inconvenience.	불편을 드려 죄송합니다.
It's against company policy to give refunds.	환불해 드리는 것은 회사 정책에 어긋납니다.
I hope we can iron this out quickly.	저희가 이 문제를 빨리 해결할 수 있기를 바랍니다.

Vocabulary Check-Up

A Match the meanings on the left with the expressions on the right.

1 법적 조치 · · ⓐ at our expense

2 손해배상을 청구하다 · · ⓑ legal action

3 공급자 · · ⓒ iron out

4 고장난 · · ⓓ supplier

5 저희 비용으로 · · ⓔ out of order

6 해결하다 · · ⓕ claim damages

B Complete the sentences using the given words.

Words
delivery
suppliers
crash
wait for
delay
cancel
choice
go wrong with
problem

1 저희 공급업체들과 문제가 좀 있습니다.
▸ We have some _____ with our _____.

2 저희는 아직도 부품들의 배송을 기다리고 있습니다.
▸ We are still _____ _____ the _____ of the parts.

3 저희가 구매했던 컴퓨터들의 고장 비율이 용납하기 어려운 수준입니다.
▸ The PCs that we purchased have _____ _____ at an unacceptable rate.

4 저희 제품을 배송하는 데 지연이 생긴다면 취소할 수밖에 없습니다.
▸ We have no _____ but to _____ if there is a _____ in delivering our products.

5 이 검은색 드레스가 잘못될 리는 없습니다.
▸ I know you can't _____ _____ _____ this black dress.

C Refer to the Korean and fill in the blanks.

1 저희는 법적 조치를 심각하게 고려하고 있습니다.
▸ We are seriously considering _____ _____.

2 저는 이 불량 장비를 현금으로 환불받고자 합니다.
▸ I want to _____ a _____ _____ on this faulty equipment.

3 서비스 부서입니다. 무엇을 도와드릴까요?
▸ Service Department. _____ can I _____ you?

4 저희가 비용을 낼 테니 그 고장 난 설비를 저희에게 다시 선적해 주세요.
▸ Please _____ the _____ _____ back to us at our expense.

5 저희는 평균 이하의 품질인 어떤 것도 판매한 적이 없습니다.
▸ We have never sold anything of _____-_____ _____.

13.mp3

A   Service Department. How can I help you?

B   I'm phoning about our order for the BBC-6G. We placed the order three weeks ago. But ¹**we haven't received** them **yet**.

A   Yeah, just a moment. Could I have the order number?

B   Let me see… It's IMG1220.

A   I'm very sorry. ²**We have had some problems with** our suppliers.

B   I understand, but our customer is waiting for the delivery.

A   I will see what I can do.

B   ³**We will have to cancel if** we don't receive it by the end of the month.

A   I'm sorry again. We will ship it via air freight at our expense.

Pattern Training

1   **We haven't received** [_____] **yet.** ~을 아직 못 받았습니다.

① the price list
② the replacement parts
③ the original L/C that you sent last week

▶ 가격표 / 교체 부품들 / 당신이 지난주에 보낸 원본 신용장

2   **We have had problems with** [_____]. ~에 문제가 있었습니다.

① their warranty policy
② the DVD players that we purchased
③ the software that is implemented as a network driver

▶ 그들의 품질보증 정책 / 저희가 구입한 DVD 플레이어 / 네트워크 드라이버로 실행되는 소프트웨어

> **문제점 거론하기**
>
> 공손한 표현
> ▶ I'm sorry to bother you, but the RF0456 has a fault.
> 죄송합니다만, RF0456에 문제가 있어요.

3   **We will have to cancel if** [_____]. ~한다면 취소하겠습니다.

① we have to pay for the air freight
② you don't send the products within a week
③ you can't ship 1,000 units of the GMG-100 by June 30

▶ 우리가 항공 운송료를 내야 한다면 / 귀사가 제품을 일주일 안으로 보내지 않으면 / 귀사가 6월 30일까지 GMG-100 1,000대를 선적할 수 없다면

14.mp3

A The notebooks that we purchased last month have been crashing at an entirely unacceptable rate.

B [1]**We are sorry for** the inconvenience. However, we have by no means knowingly sold anything of sub-par quality. Could you ship one of the defective units back to us so that we can inspect it?

A Okay. I hope we can iron this out quickly. [2]**I also want to get a cash refund** for the defective notebooks.

B I am afraid that [3]**it's against company policy to** give refunds.

A Then can you send me some replacement notebooks?

B All right. And the shipping will be free of charge.

Pattern Training

1   **We are sorry for** ⌐⌐⌐⌐⌐⌐⌐⌐. ~에 대해 죄송합니다.

① your loss
② the delay
③ any trouble this has caused

▶ 당신의 손실 / 지연 / 이것 때문에 발생한 문제

2   **I also want to get a cash refund on** ⌐⌐⌐⌐⌐⌐⌐. ~에 대한 현금 환불을 원합니다.

① my credit card purchase
② this leather jacket with faulty stitching
③ the defective DVD players that were shipped on July 27

▶ 저의 신용카드 구매 / 재봉이 잘못된 이 가죽재킷 / 7월 27일에 배송된 불량 DVD 플레이어

3   **It's against company policy to** ⌐⌐⌐⌐⌐⌐.
~하는 것은 회사 정책에 어긋납니다.

① swap defective units
② reimburse customers for bad service
③ ship goods via air freight

▶ 불량품을 바꿔 주는 것은 / 잘못된 서비스에 대해 현금으로 보상하는 것은 /
항공화물로 제품을 보내는 것은

회사 정책 언급하기

유사 표현

▸ **We are not allowed to** rework the defective LCD monitors by dispatching our engineers.
엔지니어를 파견하여 결함 있는 LCD 모니터를 뜯어 고치는 것은 **안 됩니다.**

A Make sentences using the words below.

shipping cost / free of charge	have problems / products	relpace / defective units
get / cash refund	ship / at one's expense	have / order number

1 제가 주문번호를 알 수 있을까요? ▶

2 저희는 그 제품들에 어떤 문제들이 있습니다. ▶

3 저희 비용으로 그것을 배송해 드리겠습니다. ▶

4 제가 현금으로 환불받을 수 있나요? ▶

5 불량품을 교체하는 것은 회사의 정책에 어긋납니다. ▶

6 배송비는 무료입니다. ▶

B Match the beginnings of the sentences with their endings.

1 Can you send me	·	· ⓐ what I can do.
2 We will ship your order	·	· ⓑ anything of sub-par quality.
3 We have by no means sold	·	· ⓒ considering legal action.
4 My manager here is	·	· ⓓ via sea freight.
5 I will see	·	· ⓔ if we don't receive it by tomorrow.
6 We are sorry	·	· ⓕ replacement notebooks?
7 We have to cancel our order	·	· ⓖ for the inconvenience.

C Complete the sentences using the given words.

1 제가 약 2개월 전에 주문했습니다. (place an order)

   ▶

2 저희는 아직도 배송을 기다리고 있습니다. (delivery)

   ▶

3 저희가 일주일 전에 구매한 프린터들이 고장이 났습니다. (out of order)

   ▶

4 제가 다음 주까지 그 부품들을 받지 못하면 취소해야만 합니다. (cancel / receive)

   ▶

A Listen and check true or false.

15.mp3

	True	False
1 The caller knows the order number.		
2 Mandy will ship the part tomorrow.		
3 Mandy shipped the order a week ago.		
4 The customs clearance is causing a delay.		

B Listen and answer the questions.

16.mp3

1 What's happening to the video equipment?

▸ _____

2 How does the Mr. MacDuff ask Ms. Tarrant to send the defective video equipment?

▸ _____

3 What will Mr. MacDuff do after getting the video equipment back?

▸ _____

+ BIZ TIPs   불만을 토로하는 다양한 방법

비즈니스는 사람이 하는 것이므로 언제나 완벽할 수는 없다. 불만을 토로해야 하는 경우에 사용 가능한 표현을 알아 두자.

▸ **You're requested to** 귀하가 ~하기를 요청합니다
You're requested to make reimbursement to minimize our damages.
저희의 손실을 최소화하기 위해 귀하에게 보상을 요청합니다.

▸ **I want to know the reason why** ~인 이유를 알고 싶습니다
I want to know the reason why these products are all defective. 이 제품들이 모두 불량인 이유를 알고 싶습니다.

▸ **I'm here to appeal to you to** 저는 ~을 요청하고자 왔습니다
I'm here to appeal to you to expedite my shipment.
저는 귀사에 선적을 빨리 진행해 주실 것을 요청하고자 왔습니다.

Howard Shultz
"The Star of Starbucks"

Who would have believed that we would line up to pay $4 for a cup of coffee?

There was a young man who did believe this. His name was Howard Schultz. He is now heading a $29 billion multinational company. He is the star of the company called Starbucks. He is the man who is creating his own subculture. Starbucks is everywhere, and people are setting up meetings there. They are opening an average of three stores per day. Why? They want to cut down on the long lines. Starbucks says it has 45 million customers a week, and the company brews 330 million gallons of coffee on a daily basis. These are unbelievable numbers to be honest with you.

"It took time to make people understand the flavor of Starbucks coffee. Once they understood it, they really liked it," Schultz said. "We also created an industry that did not exist before."

한 잔에 4달러나 하는 커피를 위해 우리가 줄을 설 거라고 누가 생각했겠는가?

이것을 믿었던 한 젊은 사나이가 있었다. 그의 이름은 하워드 슐츠였다. 그는 현재 290억 달러 규모의 다국적 회사를 이끌고 있다. 그는 '스타벅스'라고 불리는 회사의 스타다. 그는 자신만의 독특한 작은 문화를 창조하는 사람이다. 스타벅스는 어디에나 있고 사람들은 거기서 회의를 한다. 그들은 하루에 평균 세 개의 매장을 연다. 왜 그럴까? 그들은 긴 줄을 줄이기를 원한다. 스타벅스에 따르면, 일주일에 4천5백만 명의 손님들이 오고, 하루 단위로 3억3천만 갤론의 커피를 증류한다고 한다. 이러한 숫자는 솔직히 믿기 힘들 정도다.

"사람들에게 스타벅스 커피의 맛을 이해시키는 데 시간이 걸렸습니다. 한번 그것을 이해하게 되자 사람들은 정말로 그 맛을 좋아했습니다."라고 슐츠는 말했다. "우리는 또한 전에 존재하지 않았던 산업을 창조한 것이죠."

1 Who would have believed that ...? ~라고 누가 생각했겠는가?

Who would have believed that an online auction site would have more than 5 million items up for bid?

온라인 경매 사이트에 경매용 아이템이 5백만 개 이상이 올라갈 것이라고 누가 생각했겠는가?

2 line up 줄을 서다

▶ be in line도 같은 뜻으로 이때 line은 명사다.

The vehicles are lined up along the street.

차량들이 거리를 따라 줄을 서 있다.

3 subculture 하위문화, 작은 문화

It's due to the teens' artificially created subculture.

그것은 십대들에 의해 인위적으로 창조된 문화 때문이다.

4 cut down on ~을 줄이다

▶ 비용 또는 생산량 등의 삭감을 나타낼 때 쓸 수 있다. lower, reduce도 같은 뜻이다.

We need to cut down on expenditures next year.

우리는 내년에 지출을 줄일 필요가 있습니다.

5 brew 증류하다

▶ 커피나 차 등을 우려낸다는 뜻의 동사다.

I'll get Naomi to brew some tea.

나오미에게 차 좀 끓이라고 할게요.

The Star of Starbucks

6 to be honest with you 솔직히 말하면

▶ 유사표현으로 frankly speaking 또는 to speak honestly가 있다.

To be honest with you, I'm scheduled to leave on a trip on the 5th of July.

솔직히 말씀드리면, 제가 7월 5일에 여행을 가기로 되어 있어요.

Who is Howard Shultz?

1953년 뉴욕 브룩클린의 빈민가에서 태어나 슬럼가에서 유년 시절을 보냈다. 공부를 제대로 할 수 없던 환경에서 할 수 있는 것이라곤 운동뿐이었기에 그는 미식축구 장학생으로 대학에 진학했다. 졸업 후 세일즈와 마케팅 분야에서 주로 일했던 그는 우연히 자신의 고객사였던 스타벅스의 커피맛과 경영방식에 반하게 된다. 결국 대기업 부회장 자리를 박차고 나와 점포 4개를 가진 작은 기업 스타벅스를 전격 인수, 독창적인 마케팅 전략으로 오늘날 전 세계 23,000개가 넘는 매장을 가진 커피 제국으로 만들어냈다.

Howard Shultz says

"Build a company with soul."

영혼으로 회사를 만들어라.

"Stay humble. There is no room for arrogance."

겸손하라. 자만할 여유가 없다.

"Great brands aren't built on ads or promotions."

위대한 브랜드는 광고나 홍보로 탄생되는 것이 아니다.

"Dream more than others think practical."

다른 사람이 실용적이라고 판단하는 것 이상을 꿈꾸라.

International Business
Negotiation

PART 2
협상

교섭자 맞이하기

Greeting Negotiators

Vocabulary & Expressions

환영 인사 Welcoming

- **Welcome to (회사명 / 국가명)!** ~에 오신 걸 환영합니다!
- **Nice to meet you.** 만나 뵙게 되어서 반갑습니다
- **On behalf of (회사명), I would like to thank you all for being with us.** ~를 대표하여 함께해 주신 것에 감사드립니다
- **Thank you for** ~해 주셔서 감사합니다

직책 Job Title

- **Chairman** 회장
- **President** 사장
- **Representative Director** 대표이사
- **Vice President** 부사장
- **Senior Managing Director** 전무이사
- **Managing Director** 상무이사
- **Director** 이사
- **General Manager** 부장, 실장
- **Deputy Manager** 차장
- **Manager** 과장
- **Assistant Manager** 대리

소개 표현 Introductions

- **I'm responsible for (부서)** 저는 ~부를 책임지고 있습니다
- **I'm in charge of (부서)** 저는 ~부를 맡고 있습니다
- **Please let me introduce (이름)** ~를 소개하겠습니다
- **He's working for (회사) as (직책)** 그는 …의 ~로 근무하고 있습니다

협의 목적 Purpose

- **We are here today to** 오늘 우리는 ~하기 위해서 여기에 모였습니다
- **The purpose of today's talk is to** 오늘 이야기의 목적은 ~입니다
- **What we want to do is to decide** 오늘 우리는 ~을 결정하고자 합니다

가벼운 이야기 소재 Small Talk

- **weather forecast** 일기예보
  → hot 더운 cold 추운 clear 화창한 cloudy 구름 낀 rainy 비가 오는 snowing 눈이 오는
- **traffic jam** 교통 체증
  → light 교통량이 적은 heavy 교통량이 많은 congested 혼잡한
- **flight experience** 비행 경험
- **hotel accommodation** 호텔 숙박
- **traditional food** 전통 음식

Useful Expressions

Welcome to the contract meeting.	계약 회의에 오신 걸 환영합니다.
Here is my name card.	여기 제 명함입니다.
We are here today to discuss several issues.	저희는 오늘 여러 쟁점들을 논의하기 위해 모였습니다.
May I suggest the procedure for today's meeting?	제가 오늘 미팅의 절차를 제안드려도 될까요?
I've divided the agenda into four items.	미팅의 안건을 네 가지로 나누었습니다.
I'll treat you to lunch.	제가 점심을 대접하겠습니다.

Vocabulary Check-Up

A Match the meanings on the left with the expressions on the right.

1	잘 알려진	·	·	ⓐ	General Manager
2	교통 체증	·	·	ⓑ	well known
3	~를 대표해서	·	·	ⓒ	on behalf of
4	~을 맡고 있는	·	·	ⓓ	congested
5	부장	·	·	ⓔ	traffic jam
6	혼잡한	·	·	ⓕ	in charge of

B Complete the sentences using the given words.

1 저는 해외 마케팅을 관리하고 있습니다.

▶ I _____ _____ overseas marketing.

2 제가 100쪽의 보고서를 검토하는 데 약 이틀이 걸렸습니다.

▶ It _____ me about two days to _____ the 100-page report.

3 저희 컴퓨터들은 불량률이 0에 가깝다는 것으로 잘 알려져 있습니다.

▶ Our PCs _____ better _____ _____ their near-zero defective rates.

4 저희는 이 신형 오토바이의 가장 알맞은 가격을 정하고자 모였습니다.

▶ We are here to _____ the best price for this brand new motorcycle.

5 우리는 남미에서의 가격 전략을 재고해야 합니다.

▶ We should _____ our pricing strategy in Latin America.

> **Words**
> be known for
> look after
> take
> reconsider
> set
> review

C Refer to the Korean and fill in the blanks.

1 제 소개를 하겠습니다. 제 이름은 임미나입니다. 늦어서 죄송합니다.

▶ Let me _____ _____. My name is Mina Lim. I'm sorry I'm _____.

2 우리는 무선 마우스의 최종 가격을 결정해야 합니다.

▶ We should _____ the final price of the wireless mouse.

3 파리는 세계에서 가장 교통이 혼잡한 도시 중 하나입니다.

▶ Paris is one of the _____ _____ cities in the world.

4 짧은 휴식 후에 맨디가 발표할 것입니다.

▶ Mandy will make a presentation after a _____ _____.

5 저는 영업 및 마케팅 부서를 담당하고 있습니다.

▶ I am _____ _____ _____ the Sales and Marketing Department.

17.mp3

A Welcome to BB Electronics! My name is Howard Cha.
I'm a sales manager in the Sales & Marketing Department.

B Nice to meet you, Mr. Cha. My name is Susan Becky.
¹I look after overseas marketing and sales.

A **²How long did it take you to** get here from your hotel?

B It took me about an hour to get here. The traffic was crazy today.
That's why I'm late for the meeting.

A I see. **³As you may know**, Seoul is well known for being one of the most congested cities in the world. Anyway, after the meeting, we will treat you to some galbi.

Pattern Training

1 **I look after** _____. 저는 ~을 맡고 있습니다.

① e-mail marketing
② all financial matters
③ the R&D at the SUNY Company

▶ 이메일 마케팅 / 모든 재정 문제 / SUNY 회사의 연구개발

담당 업무 말하기

유사 표현
· **I mainly deal with** financial matters.
저는 주로 재정 문제를 다룹니다.

2 **How long did it take you to** _____? ~하는 데 얼마나 걸렸나요?

① fly to Korea from LA
② develop the UI of the mobile phone
③ set up the retail price of the Laser-X5

▶ LA에서 한국으로 비행하는 데 / 휴대전화 UI를 개발하는 데 / Laser-X5의 소매가격을 결정하는 데

3 **As you may know,** _____. 아실지도 모르겠지만, ~.

① we hosted 2018 Olympic Winter Games
② Busan is notorious for heavy traffic
③ the time difference between Seoul and LA makes me tired

▶ 저희는 2018년 동계올림픽을 개최했습니다 / 부산은 교통체증으로 악명이 높습니다 / 서울과 LA의 시차 때문에 피곤하네요

18.mp3

A As you all know, **¹the purpose of today's talk is to** discuss the terms of the contract. Have you brought the outline for the terms that your company prefers?

B Yes, we have.

A Let me suggest the procedure for today's meeting.

B Please.

A First, **²we will run through** the proposals. And then, we will take a 50-minute lunch break. After the break, **³we will discuss** the areas that don't agree **in detail**. Does that sound all right with you?

B That sounds fine.

Pattern Training

1 **The purpose of today's talk is to** [_____]. 오늘 토의의 목적은 ~입니다.

① renew our purchasing contract
② determine the price of the R-100 for next year
③ determine the retail price of the desktop computer

▶ 우리의 구매 계약을 갱신하는 것 / R-100의 내년 가격을 정하는 것 / 데스크톱 컴퓨터의 소매가격을 결정하는 것

회의 목적 밝히기

정중한 표현
▶ **I would like to take this opportunity to** handle any customer complaints.
고객 불만을 처리할 기회를 갖고자 합니다.

일상적 표현
▶ **We are here today to** lower our current price to meet our customers' demands.
우리는 오늘 고객의 요구에 부응해 현재의 가격을 내리고자 여기에 모였습니다.

2 **We will run through** [_____]. ~을 검토할 겁니다.

① our sales performance for this year
② the price range that you can afford
③ how to compensate you for faulty goods and services

▶ 올해 판매 실적 / 당신이 선호하는 가격 범위 / 불량 제품 및 서비스를 보상하는 방법

3 **We will discuss** [_____] **in detail.** ~을 구체적으로 논의할 것입니다.

① the warranty period
② the contract renewal
③ your yearly salary in 2021

▶ 품질보증 기간 / 계약서 갱신 / 2021년 당신의 연봉

Practice 1 — Let's Speak!

A Make sentences using the given words.

1 5분 동안 쉽시다. (take / a break)

▶

2 우리는 계약서의 세부사항을 논의하고자 이 자리에 모였습니다. (be here / discuss)

▶

3 우선 안건을 검토해 봅시다. (run through / agenda)

▶

4 제가 50쪽짜리 보고서를 검토하는 데 두 시간이 걸립니다. (take / review)

▶

5 저는 그 제품을 어떻게 마케팅할지 세부적으로 논의하고 싶습니다. (discuss / in detail)

▶

6 저는 마케팅과 영업을 맡고 있습니다. (look after / sales)

▶

B Match the beginnings of the sentences with their endings.

1 How long did it take him　　　　　　　　ⓐ the conference call last?

2 How long will　　　　　　　　　　　　ⓑ to dinner next time.

3 She will treat you　　　　　　　　　　ⓒ in the Marketing Department.

4 This company is well known　　　　　　ⓓ for the meeting.

5 He was late　　　　　　　　　　　　　ⓔ to finish the market survey?

6 I'm an Advertising Manager　　　　　　ⓕ for its IT products.

7 My manager will make a presentation　　ⓖ to a new client tomorrow.

C Complete the following conversations.

A: 오늘 토의의 주제는 우리의 현재 가격을 검토하는 것입니다. (review)

B: I agree.

A: Let me tell you how the meeting will proceed.

B: Please go ahead.

A: 우선, 우리 경쟁사들의 가격을 검토할 겁니다. (run through)
And then, we will take a 10-minute break. Afterwards,
we will adjust our prices.

A Listen and fill in the blanks.   19.mp3

I'd like to thank you all for _____ .

My name is Catherine Graham. _____ international marketing.

_____ is to discuss the price of the new hard disk drive.

_____ the agenda first.

B-1 Listen and check true or false.   20.mp3

		True	False
1	Ted and Martin have met before.		
2	Ashley Olsen will not join the meeting.		
3	Ashley is feeling jet lagged.		
4	Ted wants to drink a cup of coffee.		

B-2 Listen to the conversation and fill in the blanks below.   20.mp3

1 They are meeting in the _____ .

2 Ashley Olsen is a _____ of Martin's.

3 Ted _____ all the way here when he was on the airplane.

4 Ted will take the _____ to get to Incheon.

+ BIZ TIPs   상대방의 발언에 동의하자

비즈니스도 사람이 하는 일이므로, 객관적인 수치보다는 결국엔 감정에 의해서 판단하게 되는 일이 많다. 상대방에게 호감을 얻는 방법 중 하나는 동의하는 것이다.

▶ **I'm with you.** 당신의 말에 동의합니다.

  A: I think we should lower our prices on bulk orders.
    대량주문에는 우리의 가격을 낮추어야 한다고 생각합니다.

  B: I'm with you. 당신 말에 동의합니다.

▶ **You can say that again.** 그게 바로 제가 하고 싶은 말이에요.

  A: Our prices are a lot higher than the market prices.
    우리 가격이 시장 가격보다 훨씬 높습니다.

  B: You can say that again. 그게 바로 제가 하고 싶은 말이에요.

▶ **그밖에 다른 표현들: I agree.** 동의합니다. / **You bet.** 물론이에요./
  No doubt. 의심의 여지가 없습니다.

WEEK 05
입장 밝히기

Establishing Positions

Vocabulary & Expressions

진행을 위한 표현 For Meeting Procedures

- **agree on a procedure for the negotiations**
  협상 절차에 동의하다
- **outline one's position** 입장의 큰 윤곽을 정리해서 말하다
- **review the agenda** 협의사항을 검토하다
- **take a 10-minute break** 10분의 휴식시간을 갖다
- **resolve the issue** 문제를 해결하다

협상 주제

- **price** 가격
- **warranty period** 품질보증 기간
- **discount rate** 할인율
- **royalty** 특허권 사용료
- **payment method** 지불 방법
- **acceptable defect rate** 허용 불량률
- **order quantity** 주문량
- **warranty coverage** 품질보증 범위
- **legal contract** 법률 계약
- **contract period** 계약 기간
- **exclusivity contract** 독점 계약

입장 취하기 Stating Your Position

- **clarify one's position** 입장을 분명히 하다
- **I should stress that** ～을 강조하고자 합니다
- **Basically, we are interested in**
  기본적으로, 저희는 ～에 관심이 있습니다
- **Our position is to** 저희의 입장은 ～하는 것입니다
- **... is extremely important for us.**
  ～은 저희에게 아주 중요합니다
- **... is less important at the moment.**
  ～은 현재 그다지 중요하지 않습니다
- **There is no room for** ～에 대한 여지가 없습니다
- **We don't want to** 저희는 ～하고 싶지는 않습니다

의견 묻기 & 확인하기 Ask the Opinion

- **What's your company's view on ...?**
  ～에 대한 귀사의 관점은 어떻습니까?
- **What's your opinion?** 당신의 의견은 어떻습니까?
- **What do you think?** 어떻게 생각하시나요?
- **Do you mean to say that ...?** ～라는 것을 말씀하시는 겁니까?
- **How does that sound?** 어떻습니까?
- **Are you trying to say that ...?** ～라는 점을 말씀하시는 겁니까?
- **How about the offer that ...?** ～라는 제안이 어떻습니까?

Useful Expressions

I would like to review today's agenda first.	우선 오늘의 안건을 검토하고 싶습니다.
Please correct me if I'm wrong.	제가 틀렸으면 정정해 주세요.
Is the unit price your main consideration?	단가가 귀하의 주요 관심사항인가요?
We have three issues to discuss.	저희가 의논할 사항은 세 개입니다.
Let me express my opinion regarding the question you raised.	귀하가 제기한 질문에 대해 제 입장을 밝히겠습니다.
In my view, that would lead to tragic financial consequences.	제 견해로는, 그것은 비극적인 재정적 결말을 초래할 것입니다.

Vocabulary Check-Up

A Match the meanings on the left with the expressions on the right.

1 계약 기간	·	· ⓐ extremely important
2 아주 중요한	·	· ⓑ concentrate on
3 ~에 집중하다	·	· ⓒ contract period
4 주요 문제점	·	· ⓓ at this point
5 이 시점에서	·	· ⓔ key issues
6 품질보증 기간	·	· ⓕ warranty period

B Complete the sentences using the given words.

1 귀사는 64기가 엑스폰의 가격을 699달러에서 499달러로 낮추어야 합니다.

▶ You should _____ _____ _____ of the 64GB XPhone from $699 to $499.

2 저는 품질보증 기간을 2년으로 늘렸으면 좋겠습니다.

▶ I'd like the warranty period to _____ _____ to two years.

3 우리는 계약서에 명시된 할인율에 대해 논의하고자 이 자리에 모였습니다.

▶ We _____ _____ to _____ the discount rate mentioned in the contract.

4 계약 기간에 대한 귀사의 견해는 어떻습니까?

▶ What's your company's _____ _____ the contract period?

5 이 마우스의 가격이 너무 높다는 말씀인가요?

▶ Are you _____ _____ _____ that the retail price of this mouse is too high?

> **Words**
> be here
> lower the price
> discuss
> try to say
> extend
> view on

C Refer to the Korean and fill in the blanks.

1 저희는 최소 주문량을 늘리는 데 관심이 있습니다.

▶ We are interested in increasing our _____ _____ _____.

2 유통업체들의 이윤폭이 아주 작기 때문에 더 이상 할인의 여지가 없습니다.

▶ There is _____ _____ for further _____ as the markup for the distributors is very small.

3 저는 그 점을 고려해서 이 문제를 해결하고 싶습니다.

▶ I want to _____ _____ _____ by taking it into account.

4 우리 10분 동안 쉬는 것이 어떨까요?

▶ Why don't we _____ _____ _____ for 10 minutes?

5 이 차량에 적용되는 품질보증 범위에 대해 질문이 있습니다.

▶ I have questions about the _____ _____ that applies to this vehicle.

21.np3

A Please correct me if I'm wrong. ¹**The first item on today's agenda is** the unit price of the DVD player. And the second item is its warranty period.

B You can say that again.

A I would like to concentrate on the unit price issue before lunch. Do you agree?

B No problem. I think ²**we should resolve** the price issue **as soon as possible**.

A Yeah, I'm totally with you. Okay. Are there any questions at this point?

B ³**I need to get away by** 3 o'clock. That gives us five hours.

A It won't take long. We can finish by then.

Pattern Training

1 **The first item on today's agenda is** [＿＿＿＿＿＿＿＿]. 오늘의 첫 안건은 ~입니다.

① a discussion of our payment terms
② a discussion of the contract terms
③ a report on the progress of the project

▶ 지불 조건에 대한 협의 / 계약 조건에 관한 협의 / 프로젝트의 진행상황에 대한 보고

2 **We should resolve** [＿＿＿＿＿＿＿] **as soon as possible.**

우리는 ~을 가능한 빨리 해결해야 합니다.

① our problems
② differences through dialogue
③ this issue through negotiations

▶ 우리의 문제들 / 대화를 통해서 차이점 / 협상을 통해서 이 문제

As soon as possible 가능한 한 빨리

유사 표현
· Let's finish this issue **as quickly as possible.**
이 문제를 가능한 한 빨리 끝냅시다.

비격식적 표현
· I want to set the minimum order quantity **ASAP**[에이쌥].
가능한 빨리 최소 주문 수량을 정하고 싶습니다.

3 **I need to be away by** [＿＿＿＿＿＿＿].

저는 ~에는 자리를 떠야 합니다.

① 7 p.m.
② 4 p.m. at the latest
③ 2 o'clock on the dot

▶ 오후 7시 / 늦어도 오후 4시 / 정확하게 2시

22.np3

A So, if I may summarize your company's position, the new contract would require us to increase our minimum order quantity.

B That's right. We need a minimum order of 15,000 units so that we can deliver the product at the current discount rate.

A [1]**Basically, we are interested in** increasing our order quantity. However, you should lower the prices of the digital cameras. We've been losing our market share to our competitors since last year because of the high prices.

B Well, I see things differently. [2]**What matters most is** how to market the products.

A [3]**Are you trying to say that** our marketing is poor, Richard?

B We are sympathetic to the position your company is in, but there is no room for any price reductions.

Pattern Training

1 **Basically, we are interested in** [_____]. 기본적으로 저희는 ~에 관심이 있습니다.

① paying back our debts
② selling our products in Peru
③ maintaining our current business relationship

▶ 저희의 부채를 갚는 것 / 페루에서 저희 제품을 파는 것 / 현재의 사업 관계를 유지하는 것

2 **What matters most is** [_____]. 가장 중요한 것은 ~입니다.

① how we can most efficiently serve our customers
② that we should finish the project on time
③ making our customers satisfied with our after-sales service

▶ 어떻게 가장 효율적으로 우리 고객에게 서비스하느냐 / 프로젝트를 제때에 끝내야 한다는 것 /
고객들을 우리의 애프터서비스에 만족하도록 만드는 것

3 **Are you trying to say that** [_____]?

~라는 의미인가요?

① we should reduce our prices
② raising our prices is necessary
③ our business expansion into the U.S. is too risky

▶ 우리가 가격을 내려야 한다는 / 가격을 올릴 필요가 있다는 /
저희의 미국으로의 사업 확장이 너무 위험하다는

의견 확인하기

답변 표현

▶ 긍정: Exactly. 정확합니다. I couldn't agree with you more. 더할 나위 없이 맞습니다.

▶ 부정: You've got it all wrong. 잘못 이해하셨네요. You are missing the point. 요점을 놓치셨네요.

관련 표현

▶ **What do you mean by** changes in consumer prices?
소비자 가격의 변화라는 게 무슨 의미입니까?

Practice 1 — Let's Speak!

A Complete the following short conversations.

summarize	agenda	discuss	add	position
why	unit price	any questions	matter most	insist

1 A: The third item on today's _____ is the _____ _____ of this speaker.

   B: How much are you planning to sell it for?

   오늘 세 번째 안건은 이 스피커의 대당 가격입니다. – 그것을 얼마에 팔 계획이세요?

2 A: Is there anything to _____ to the agenda?

   B: Yes, there is one more issue to be _____.

   안건에 추가할 것이 있나요? – 네, 의논되어야 할 문제가 하나 더 있어요.

3 A: Are there _____ _____ at this point?

   B: Will Mr. Klein attend?

   이 시점에서 질문 있습니까? – 클라인 씨가 참석하나요?

4 A: What _____ _____ is the fact that our company is not profitable.

   B: That's _____ I _____ we raise our products' prices.

   가장 중요한 것은 저희 회사가 이윤이 남지 않는다는 것입니다. – 그것이 바로 제가 제품 가격을 올려야 한다고 주장하는 이유입니다.

5 A: Let me _____ your _____ on our marketing strategy.

   B: Please go ahead.

   우리의 마케팅 전략에 대한 귀사의 입장을 요약해 보겠습니다. – 그렇게 해 주세요.

B Refer to the translation and fill in the blanks.

A: What's your [_____] [_____] on that?

   그것에 대한 귀사의 견해는 어떻습니까?

B: Well, over the last few years, the market price has fallen. To keep ourselves [_____], we should [_____] [_____] [_____], I believe.

   글쎄요, 지난 몇 년간 시장 가격이 계속 떨어지고 있습니다. 저는 우리의 경쟁력을 유지하기 위해서 가격을 내려야 한다고 생각합니다.

A: But [_____] [_____] [_____], the prices that you requested are too low.

   하지만 제 생각엔 귀하가 요청한 가격들은 너무 낮습니다.

A-1 Listen to the conversation and answer the questions. 23.mp3

1 What are they talking about?

▶

2 What percentage of the customers is not satisfied with the current warranty period?

▶

3 What's the current warranty period?

▶

4 What word did Richard use to say "defective"?

▶

A-2 Listen and check true or false. 23.mp3

	True	False
1 There is a chart on the screen.		
2 Amanda and Richard have the same opinion about the warranty policy.		
3 The quality of their products is excellent.		
4 Amanda wants to extend the warranty period.		

B Listen to the conversation and fill in the blanks. 24.mp3

A: __1_____, you would like to add a monitor to this lawnmower. __2_____?

B: That's right. The customers in North America are very picky in selecting lawnmowers.

A: But there is one thing that __3_____.

B: What's that?

A: The unit price will be __4_____.

B: __5_____?

A: Exactly.

B: To me, it is of secondary importance. __6_____ so long as they are satisfied with the features their lawnmower has. If you look at the handout __7_____, it shows that more expensive models were sold __8_____.

A: Well, __9_____.

B: __10_____ on this issue. If you don't include the function with the next model, __11_____ your lawnmowers any more.

제안하기와 흥정하기

Making Proposals and Bargaining

Vocabulary & Expressions

제안하기 Making Proposals

- **We suggest that** ~을 제안합니다
- **We propose that** ~을 제안합니다
- **We could offer you** ~을 제안할 수 있습니다
- **Our proposal is to** 저희 제안은 ~하는 것입니다
- **We would like you to** 귀사가 ~해 주셨으면 합니다
- **alternative** 대안책(= counteroffer, another solution)
- **How about if …?** ~한다면 어떨까요?(= What if …?)
- **Could we offer an alternative proposal?**
  저희가 다른 방안을 제시해도 될까요?
- **Our preferred scenario would be** 저희가 생각하는 시나리오는 ~입니다

흥정하기 Bargaining

- **If you guaranteed ~, we'd be willing to …**
  귀사에서 ~를 보장하신다면, 저희도 기꺼이 …하겠습니다
- **If you accept[agree] ~, we can …**
  귀사에서 ~를 받아들이신다면, 저희는 …할 수 있습니다
- **If you allow us to ~, we will …**
  저희가 ~하도록 수락하신다면, …하겠습니다
- **If you don't ~, we cannot …**
  귀사에서 ~하지 않으시면, 저희도 …할 수 없습니다
- **We can accept that on the condition that**
  저희는 ~라는 조건 하에서만 그것을 받아들일 수 있습니다

응답하기 Responding

- **That's acceptable.** 받아들이겠습니다.
- **We can agree to that.** 그 점에 동의할 수 있습니다.
- **That's probably all right.** 그 정도는 괜찮겠죠
- **We might be able to do that.** 가능할 겁니다.
- **We can go along with your request.** 그 요청을 받아들일 수 있습니다.
- **That would be difficult.** 그건 어렵겠는데요.
- **Sorry, but that's not acceptable.** 유감이지만 그건 받아들이기 힘듭니다.
- **I'm afraid we can't accept that.** 죄송하지만 그 점을 받아들일 수 없습니다.

Useful Expressions

Let me clarify my position first.	우선 제 **입장을 밝히겠습니다.**
I would like you to consider our production capacity.	저희의 생산 능력을 **고려해 주셨으면 합니다.**
We guarantee the minimum order quantity.	**저희는 최소 주문량을 보증합니다.**
Considering our business relationship, we could lower the royalties.	우리의 비즈니스 관계를 **고려할 때,** 로열티를 낮추는 것도 **가능합니다.**
May I suggest an alternative way to approach this?	이에 접근하는 **대안을 제시해도 될까요?**

A Match the meanings on the left with the expressions on the right.

1 대안적 제안   ·   · ⓐ acceptable

2 ~라는 조건 하에   ·   · ⓑ refuse a request

3 요청을 거절하다   ·   · ⓒ agree to

4 ~을 인지하다   ·   · ⓓ alternative proposal

5 받아들일 만한   ·   · ⓔ be aware of

6 ~에 동의하다   ·   · ⓕ under the condition

B Complete the sentences using the given words.

1 저희의 제안은 합작투자 프로젝트를 만드는 것입니다.

  ▶ _____ _____ is to create a joint venture project.

2 상황이 돌아가는 것을 고려할 때, 우리가 그 입찰을 따지 못할 수도 있습니다.

  ▶ _____ how things are going, we might not win the bid.

3 저는 귀사가 제시하는 최소 주문 물량이 만족스럽지 않습니다.

  ▶ I'm _____ _____ _____ the minimum quantity order that you suggested.

4 귀사가 어떤 것도 제안할 수 없다면, 저희는 다른 쪽을 알아봐야 합니다.

  ▶ If you can't offer us something, we'll have to _____ _____.

5 저희는 귀하의 20% 가격 인하 요청을 받아들일 수 있을 것 같습니다.

  ▶ I think we could _____ _____ _____ your request for a 20% price reduction.

Words

consider
our proposal
go along with
look elsewhere
be satisfied with

C Refer to the Korean and fill in the blanks.

1 매출 감소에 대한 저희의 기본 입장을 밝히겠습니다.

  ▶ Let me clarify our _____ _____ on the issue of the declining sales.

2 로열티를 15%까지 내려 주시길 귀사에 요청합니다.

  ▶ I would like to ask you to _____ the royalties _____ _____.

3 그건 어렵겠는데요.

  ▶ That would be _____.

4 저희는 귀사가 품질보증 기간을 연장해 주셨으면 합니다.

  ▶ We would like you to _____ _____ _____ _____.

5 그것은 받아들일 수 없습니다.

  ▶ That's not _____.

25.mp3

A   Okay, well, let's get started. The first item on today's agenda is the warranty period. If there's anything you'd like to say about that, please be my guest.

B   Well, I'd like to hear from you first.

A   Okay. We are fully aware of the challenges you have faced in running your company. However, ¹**I propose that** your products have a warranty period of 210 days.

B   ²**I'm afraid** we can't accept that because of the financial problems we are facing. ³**How about if** we have a warranty period of 110 days?

A   It's too short considering the defect rate of your products.

B   Then may I suggest an alternative proposal?

Pattern Training

1   **I propose that** [_____]. ~을 제안합니다.

   ① you resolve this issue first
   ② you lower the selling price of that software
   ③ a performance-related pay system be introduced

   ▶ 귀사가 우선 이 문제를 해결하기를 / 그 소프트웨어의 판매가격을 낮출 것을 / 성과 기준 연봉체제 도입을

제안하기

유사 표현
· **We suggest that** you set the discount rate 3% lower.
저희는 할인율을 3% 더 낮출 것을 제안합니다.
*that절의 동사는 원형이어야 한다.

완곡한 표현
· **We could offer** you competitive pricing.
저희는 경쟁력 있는 가격을 제공해 드릴 수 있습니다.

2   **I'm afraid (that)** [_____]. 유감스럽게도 ~입니다.

   ① I can't sign the contract
   ② your proposal is not acceptable
   ③ we can't continue to order at this discount rate

   ▶ 계약에 서명할 수 없습니다 / 당신의 제안은 받아들일 수가 없습니다 / 이 할인율로는 주문을 계속할 수가 없습니다

3   **How about if** [_____]? ~한다면 어떨까요?

   ① I answer this instead
   ② we renew the contract
   ③ we talk about that off-line

   ▶ 제가 대신 답변을 하면 / 계약을 갱신하면 / 오프라인 상으로 그것에 대해 논의하면

26.mp3

A   Let me clarify my basic position. **[1]I would like you to** lower the price.

B   **[2]If you guarantee** an annual minimum order of 700,000 cases of the spirit, **that's acceptable**.

A   I understand it, but our market is not that big. What would be the minimum acceptable order to receive a 4.5% discount?

B   If you guaranteed an order of 500,000 cases, **[3]we'd be willing to** offer that kind of discount.

A   I think I could go along with that for now.

B   Very good. Let's modify the wording of the discount rate right away.

Pattern Training

1   **I would like you to** _____. 저는 귀사가 ~해 주시길 바랍니다.

① slash the price
② clarify your position
③ consider the market trends in the computer industry

▶ 가격을 대폭 삭감해 주시길 / 입장을 분명히 하시기를 / 컴퓨터 산업에서의 시장 경향을 고려하시기를

2   **If you guarantee** _____, **that's acceptable.**

귀사에서 ~을 보장한다면, 받아들일 만 합니다.

① the cheapest price
② your product's quality
③ an increase in our market share

▶ 최저 가격 / 귀사 제품의 품질 / 저희의 시장 점유율 증가

3   **We'd be willing to** _____. ~할 용의가 있습니다.

① offer you the best discount rate
② negotiate the terms of the contract
③ outsource those parts from your company

▶ 최고의 할인율을 제공할 / 계약서 조건을 협상할 / 귀사에 그러한 부품들을 외주로 맡길

호의 나타내기

유사 표현

▶ **We might consider** giving you further discounts on the list prices.
정가에서 더 할인해 드리는 것을 고려할 수 있습니다.

▶ **We can agree to** a fixed fee for services to be provided.
제공될 서비스들에 고정 요금을 부과하는 것에 **동의할** 수 있습니다.

Practice 1 / Let's Speak!

A Fill in the blanks and say the sentences out loud.

1 I'm afraid we can't accept _____ _____ _____ you accept mine.

유감스럽지만 귀하가 제 제안을 받아들일 때까지 저희는 귀하의 제안을 받아들일 수 없습니다.

2 _____ _____ _____ we make 100 vehicles a week?

저희가 일주일에 100대의 차를 제조한다면 어떻겠습니까?

3 If there's anything you'd like to say about this issue, please _____ _____ _____.

이 문제에 대해 할 말이 있으시면 편히 말씀하세요.

4 We can _____ _____ your proposal.

저희는 귀하의 제안에 동의합니다.

5 _____ _____ is to outsource the manufacturing to China.

저희의 제안은 제조부문을 중국에 아웃소싱하는 것입니다.

B Match the beginnings of the sentences with their endings.

1 Our average profit margin • • ⓐ considering our financial situation.

2 Would you please sign • • ⓑ hasn't changed at all.

3 I will increase • • ⓒ the price by 20%.

4 I also look forward to • • ⓓ a profitable relationship for both of us.

5 That sounds • • ⓔ the contract right now?

6 It is not acceptable • • ⓕ an alternative solution?

7 May I suggest • • ⓖ entirely reasonable.

C Make sentences using the given words.

1 저는 당신의 의견을 먼저 듣고 싶습니다. (hear / first)

▶

2 귀사가 3만 박스 주문을 보장한다면 저희도 대량주문 할인을 제공할 수 있습니다. (guarantee / be willing to / quantity discount)

▶

3 제 입장을 밝히겠습니다. (clarify / position)

▶

4 저는 거기에 따를 수 있을 것 같습니다. (go along with)

▶

A-1 What will probably happen after the conversation? 27.mp3

	more likely	less likely
1 The royalty will be lowered.		
2 The company policy allows a special royalty rate.		

A-2 Listen and answer the questions. 27.mp3

1 What are they negotiating?

ⓐ New technology　　ⓑ A royalty　　ⓒ Their company policy

2 How much is the royalty?

▶ _____

B Listen to the conversation and fill in the blanks. 28.mp3

A: Let me clarify my basic position. I would like to ¹ _____.

B: If you ² _____ per year, I don't see why we shouldn't.

A: I understand it, but ³ _____.

　 It's getting tougher because there are many start-up companies.

B: How about ⁴ _____?

A: How much would you be willing to lower it?

B: ⁵ _____ by 10 percent.

A: In that case, I could guarantee 25,000 units on a yearly basis.

B: ⁶ _____.

+ BIZ TIPs　협상의 기술

협상은 생활이다. 단지 비즈니스가 아니더라도 우리는 친구, 가족, 심지어 아이들과도 협상하면서 산다. 여기서 협상의 팁을 몇 가지 익혀 두자.

▶ **Don't get emotionally involved.** 감정을 섞지 말자

아마추어 협상가들의 가장 큰 문제는 상대를 윽박지르고 위협하는 것이다. 이는 역효과만을 낳는다.

▶ **Ask for more than you want.** 원하는 것 이상을 요구하라

상대방이 제시한 조건이 마음에 든다 해도 I think you'll have to do better than this.(이것보다 더 나았으면 합니다.)라고 말할 수 있어야 한다. 그러나 절대로 건방지거나 공격적이어서는 안 된다.

▶ **Don't act too interested.** 너무 많은 관심을 보이지 말자

언제든지 협상에서 철수할 수 있다는 자세가 더 좋은 조건을 가져올 수 있다. 가끔 관심이 없는 구매자나 판매자처럼 행동하는 것도 필요하다.

갈등 대처하기와 협상 끝내기

Handling Conflicts and Closing a Negotiation

Vocabulary & Expressions

입장 이해하기 Showing Understanding

- **I understand it, but we think**
  그 점은 이해합니다만, 저희는 ~라고 생각합니다

- **I fully understand your situation, but** 귀사의 상황을 잘 압니다만 ~

- **It would be difficult to make a decision, but**
  결정하기 어려울 거라고 짐작합니다만 ~

강력하게 주장하기 Insisting Strongly

- **I insist you accept** ~을 수락해 주실 것을 요청합니다

- **I can't concede** ~을 받아들일 수 없습니다

- **This is the bottom line we can offer.**
  이것이 저희가 제시할 수 있는 최종안(최저가)입니다.

- **We win, or we lose together.** 둘 다 같이 살든지 죽든지요.

협상 마무리하기 Closing Negotiations

- **summarize what we talked about** 논의한 것을 요약하다

- **deal with the sticking point** 걸림돌이 되는 문제를 다루다

- **reach an agreement** 합의에 이르다

- **close a contract** 계약을 체결하다

- **draw up a contract** 계약서를 작성하다

- **reflect opinions** 의견을 반영하다

- **I think we have a deal**. 거래가 성사된 것 같군요.

협상의 결과

▶ **만족할 경우**: happy 만족한 pleased 기쁜 satisfied 만족한
  relieved 안도가 되는

▶ **실망한 경우**: tired 피곤한 disappointed 실망한
  worried 걱정스러운

▶ **화가 난 경우**: upset 언짢은 angry 화난 indignant 분개한
  resentful 분노한 offended 화난

갈등 대처하기 Handling Conflicts

- **We should focus on the core of the problem.**
  우리는 문제의 본질에 집중해야 합니다.

- **Please look at the positive aspects of**
  ~의 긍정적인 면을 봐 주세요

- **This is a mutually beneficial relationship.**
  이건 양사의 이득을 위한 겁니다.

- **Let's think about it some more.**
  이 점은 좀 더 시간을 갖고 생각해 봅시다.

- **I think we both need to give a little ground here.**
  양쪽 모두 여기서 조금씩 양보할 필요가 있을 것 같습니다.

Useful Expressions

How about a new solution?	새로운 제안 하나 할까요?
We insist you cut the price to $199.	저희는 가격을 199달러로 낮춰 주시길 **강하게 요청합니다**.
We are both responsible.	우리 양쪽 모두에 **책임이 있습니다**.
I suggest we stop here.	여기서 멈출 것을 **제안합니다**.
We have a very satisfactory agreement.	대단히 만족스러운 합의입니다.

Vocabulary Check-Up

A Match the meanings on the left with the expressions on the right.

1 최종안(마지노선) ·   · ⓐ revise a contract

2 문제가 되는 점 ·   · ⓑ profitable relationship

3 계약서를 수정하다 ·   · ⓒ at one's request

4 ~의 요청대로 ·   · ⓓ sticking points

5 이득이 되는 관계 ·   · ⓔ have a deal

6 거래가 성사되다 ·   · ⓕ the bottom line

B Complete the sentences using the given words.

1 계약서의 나머지 조건들을 살펴보겠습니다.
   ▶ Let me _____ _____ _____ at the terms of the rest of the contract.

2 여러분 모두와의 알찬 협력관계를 기대합니다.
   ▶ I _____ _____ ___ a fruitful partnership with you all.

3 마침내 합의점에 이르게 되어 기쁩니다.
   ▶ I'm glad we've finally _____ _____ _____.

4 계약서 23항의 표현을 수정합시다.
   ▶ Let's _____ the wording of article 23 of the contract.

5 그렇게 주장하신다면, 우리는 계약을 파기할 수밖에 없습니다.
   ▶ If you _____, we have no choice but to _____ _____ _____.

> **Words**
> take a look
> look forward to
> insist
> reach an agreement
> terminate a contract
> modify

C Refer to the Korean and fill in the blanks.

1 그 문제를 제 관점에서 요약해 볼까요?
   ▶ Can I _____ the problem from my point of _____?

2 오늘 아주 만족스러운 미팅이었습니다.
   ▶ I think we had a very _____ _____ today.

3 이에 관한 저희의 어려움을 귀사에서 이해해 주셨으면 합니다.
   ▶ I hope you can _____ _____ _____ with this.

4 이 문제에 대한 합리적인 해결책이 무엇이라고 생각하시나요?
   ▶ What do you think is a _____ _____ to this issue?

5 양쪽이 다 여기서 조금씩 양보할 필요가 있을 것 같습니다.
   ▶ I think we both need to _____ a little _____ here.

Conversation 1 | Handling conflicts 갈등 대처하기

29.mp3

A **¹The major obstacle** at the moment **seems to be** the price. As I mentioned earlier, we insist you cut the price to $199.

B Well, **²can I summarize** the problem from our point of view?
About six months ago, we knocked 10% off our list price at your request.
However, our market share hasn't changed at all.

A It's not entirely our fault. I think the timing wasn't perfect.

B That's not really the point. **³The point is that** we are losing our market share to our competitors.

A I think we both made mistakes. We are both responsible.

B Okay, how about a new solution? We accept your request, and you increase our market share by 10%.

Pattern Training

1 **The major obstacle seems to be** _____. 가장 큰 장애물은 ~인 것 같습니다.

① the payment method
② the coverage of the warranty
③ the selling price of the refrigerator

▶ 지불 방법 / 품질보증의 범위 / 냉장고의 판매가격

> **장애가 되는 요소 말하기**
>
> 유사 표현
>
> · **The main sticking point here is the high cost of manufacturing the devices.**
> 여기서 크게 걸림돌이 되는 부분은 제품을 제조하는 비용이 크다는 것입니다.
>
> · This clause is **getting in the way of an agreement.**
> 이 조항이 합의의 **걸림돌이 되고 있습니다.**

2 **Can I summarize** _____? ~을 정리해 볼까요?

① your position
② the sticking points
③ what we've agreed to so far

▶ 당신의 입장 / 걸림돌이 되고 있는 부분들 / 지금까지 우리가 합의한 것들

3 **The point is that** _____. 요지는 ~입니다.

① the contract is not fair to us
② there are several sticking points
③ these contract terms might cause some problems in the future

▶ 계약서가 우리에게 공정하지 않다는 것 / 합의가 이루어지지 않은 부분들이 몇 가지 있다는 것 / 계약서의 이 조항들이 나중에 문제가 될 수 있다는 것

Conversation 2 \ Closing a negotiation 협상 끝내기

30.mp3

A Did you bring the revised contract with you?

B Of course. Here is the revision. **¹I modified** the wording and terms at your request.

A That sounds entirely satisfactory. Let me take a look at it.
Yeah, you changed all the terms that I asked you to change.

B **²If you approve of** everything, would you please sign this contract?

A Surely.

B It's been a long meeting, but I'm glad we're finally able to reach an agreement.

A I'm sure this will begin a profitable relationship for both of us.

B I also look forward to a long and fruitful partnership.

A **³It would be great if we could** go to a restaurant now.

Pattern Training \

1   **I modified** ⌐_____⌐. ~을 수정했습니다.

① the contract before we will sign it
② some wording to reflect the changes in the price
③ the terms of delivery slightly to prevent confusion

▶ 서명하기 전에 계약서를 / 가격의 변경사항을 반영하기 위해 약간의 표현을 / 혼란을 방지하기 위해 배송 조건을 약간

2   **If you approve of** ⌐_____⌐, ... ~를 찬성하신다면, ….

① this marketing plan
② every detail of the contract
③ the project timeline that we created last night

▶ 이 마케팅 계획 / 계약서의 모든 부분 / 지난밤에 우리가 세웠던 프로젝트 일정

3   **It would be great if we could** ⌐_____⌐. ~할 수 있다면 좋겠습니다.

① take a ten-minute break and get back to the agenda
② finalize our contract right now
③ agree on a 5% discount on bulk orders

▶ 10분간 쉬고 다시 안건을 협의할 수 있다면 / 지금 당장 계약을 마무리할 수 있다면 / 대량주문에 대한 5% 할인에 동의할 수 있다면

Practice 1 / Let's Speak!

A Make sentences using the given words.

glad / agreement	how about / solution	insist / cut the price
revise / according to	be willing to / offer	look forward to / relationship

1 저희는 평생 품질보증을 제공할 용의가 있습니다.

▶

2 저희는 귀하의 요청에 따라 그 조항들을 수정했습니다.

▶

3 저는 그 디지털 카메라의 소비자 가격을 낮출 것을 주장합니다.

▶

4 마침내 합의에 이르게 되어서 저는 아주 기쁩니다.

▶

5 새로운 해결책은 어떨까요?

▶

6 저 또한 귀사와 오래도록 지속되는 관계를 기대합니다.

▶

B Match the related sentences.

1 I insist that the contract be more detailed.

2 How about if we lower the price by 10%?

3 Would you be willing to accept that?

4 May I suggest an alternative proposal?

5 Would you please sign this contract?

6 The major obstacle seems to be the warranty coverage.

Answers

ⓐ Then we could raise the minimum order.

ⓑ What terms in the contract do you think should be more detailed?

ⓒ Please go ahead. I'm excited to hear your proposal.

ⓓ Okay. We can agree to that.

ⓔ Yeah, I think so. We should resolve it as soon as possible.

ⓕ Sure. Where in the contract should I sign?

A Listen to the conversation and complete the sentsnces.

31.mp3

1 They [_____] their contract at least once.

2 The terms of delivery haven't [_____] yet.

3 They will resume the meeting [_____].

4 Amanda will [_____] the terms of delivery by tomorrow.

B Listen to the conversation and fill in the blanks.

32.mp3

A: I want to ensure that there are no other ¹_____.

B: Well, since we've ²_____ on the size of the order,

I can't think of any potential problems we would need to handle.

A: ³_____ at the contract once again?

B: Certainly.

A: Hmm… It looks perfect.

B: It is perfect.

A: I'm happy to ⁴_____.

B: Yeah, I think we've both ⁵_____.

A: ⁶_____ a long and fruitful partnership.

B: ⁷_____. I will treat you to a nice dinner at a local restaurant.

+ BIZ TIPs 협상을 끝낼 때 쓰는 표현

▶ 협상이 잘 이루어졌을 때

I think this has been useful. 이번 회의는 유익했다고 생각해요.

I think we have a very satisfactory agreement.
아주 만족스러운 합의에 이른 것 같습니다.

It's been a long meeting, but I'm glad we're finally able to reach an agreement. 정말 긴 회의이었습니다만, 마침내 합의에 도달해서 되어 기쁩니다.

I look forward to a long and fruitful partnership.
지속적이고 알찬 관계를 기대합니다.

▶ 협상이 잘 안 되었을 때

I think it's clear we have no agreement.
합의점을 찾지 못했다는 것이 명백하군요.

I suggest we stop here. 여기서 중단했으면 합니다.

I think we will leave, and perhaps another time we will find some way to work together. 여기서 일어나시죠. 그리고 언젠가 함께 일할 수 있는 방법이 있겠죠.

It looks like we need more time to resolve our issue.
우리의 문제들을 해결하려면 더 많은 시간이 필요해 보입니다.

It's unfortunate. 안타깝군요.

Michael Dell
"The Envy of CEOs Everywhere"

"What people have never understood is that we're not like other companies,"

Michael Dell said in a press conference in Baghdad. When he entered his freshman year at the University of Texas at Austin in 1983, his father hoped he would become a famous medical doctor, but his skills lay elsewhere. He scrutinized the PC industry and found an opportunity to sell PCs for less. "I saw that you'd buy a PC for about $3,000, and inside that PC was about $600 worth of components. Apple would buy most of these components from other companies, put them together, and sell the computer to a dealer for $2,000. Then the dealer, who had little idea about selling computers, would sell it for $3,000, which was even more outrageous," Dell said. He realized that he could skip the step of selling to a dealer and go directly to the consumer. That way, the consumer could buy the product for less. So Dell combined his knowledge of computers with his well-developed business sense and began his own computer business.

"사람들은 우리가 다른 회사들과는 다르다는 점을 이해하지 못 한다."

마이클 델은 바그다드의 한 기자회견장에서 말했다. 1983년 오스틴에 있는 텍사스 대학에서 대학생활을 시작했을 때, 그의 아버지는 그가 유명한 의사가 되길 바랐지만 그의 재능은 다른 곳에 있었다. 그는 PC 산업을 철저히 조사했고 싼 값에 PC를 팔 수 있는 기회를 발견했다. "사람들이 600달러 정도의 부품이 들어있는 PC를 3천 달러에 구입한다는 것을 알았습니다. 애플은 이러한 부품들의 대부분을 다른 회사에서 사서 조립하여 딜러에게 2천 달러에 팝니다. 그러면 컴퓨터 판매에 대해서 아는 것이 거의 없는 딜러는 3천 달러에 이것을 팔죠. 이건 더욱 터무니없는 일입니다."라고 델은 말했다. 그는 딜러에게 판매하는 단계를 없애고 직접 소비자와 접촉할 수 있다는 것을 깨달았다. 그러한 방법으로 소비자들은 더 싼 값에 물건을 구입을 할 수 있었다. 그렇게 그는 자신의 컴퓨터 지식을 뛰어난 사업 감각과 합쳐서 직접 컴퓨터 사업을 시작했다.

1 lie elsewhere 다른 곳에 있다

I realized after the song contest that my talents **lay elsewhere**.
그 가요제 후에 나의 재능은 다른 곳에 있다는 것을 깨달았다.

2 ... worth of ~가치의

The thief stole $3,000 **worth of** women's underwear.
그 도둑은 3천 달러 가치의 여성용 속옷을 훔쳤다.

3 have little idea about ~에 대해 모르다

I **have little idea about** how the market will fare in next year's first quarter.
저는 그 시장이 내년 1사분기에 어떻게 될지 모르겠습니다.

4 skip the step of ~의 단계를 뛰어넘다

Don't **skip the step of** reviewing your presentation file.
발표 자료를 검토하는 단계를 건너뛰지 마세요.

5 combine A with B A를 B와 합치다

Combine your skill in chess **with** your marketing strategy.
체스 기술을 당신의 마케팅 전략과 합쳐라.

Who is Michael Dell?

1965년 2월 유태인 가정에서 태어났다. 어린 시절을 유복하게
지낸 그는 15세 때 애플 컴퓨터를 만지다가 고장낸 것을 계기
로 컴퓨터와 인연을 맺게 된다. 그는 대학시절 기술을 어떻게
구체화하여 판매해야 하는지에 대한 획기적인 비전을 가지고
단돈 1,000달러만으로 '피씨 리미티드(PC's limited)'라는 현
재 델컴퓨터의 전신을 세운다. 후에 그는 컴퓨터의 유통과정
을 혁신적으로 줄이는 직접 판매(direct sales) 방식을 도입하
여 엄청난 매출을 일으키는 신화를 창조한다.

Michael Dell says

"I don't spend a lot of time doing my favorite
activities. I like to do things that cause the
company to succeed."
저는 좋아하는 일을 하면서 시간을 보내지 않습니다. 회사가 성공하는 데
필요한 것을 하죠.

"Our business is about technology, yes.
But it's also about operations and customer
relationships."
저희 사업은 기술과 관련이 있죠. 그러나 운영 및 고객과의 관계도
매우 중요합니다.

이미지출처: AM NIKOM, Ken Wolter, Mi Pan @ Shutterstock.com @ wikipedia

International Business
Marketing

PART 3
마케팅

제품 출시하기

Launching a Product

Vocabulary & Expressions

상품 소개 Introducing a Product

- **function** 기능
- **product quality** 품질
- **appearance** 외관(= design)
- **packaging** 포장
- **specifications** 상세 정보
- **key features** 주요 특징
- **product differentiation** 제품 차별화
- **diversification** (제품) 다양화
- **option** 선택사항, 옵션
- **improvement** 개선사항

시장의 종류 Type of market

- **domestic market** 국내시장
- **overseas market** 해외시장
- **mass market** 대중 시장
- **niche market** 틈새 시장
- **emerging market** 신흥 시장

Marketing Mix Model (4P's)

Product, Price, Place, Promotion : 제품전략, 가격전략, 유통전략, 촉진전략 이 4 요소를 효율적으로 구성하는 것

상품 출시 Launching a Product

- **release a product** 상품을 발매하다, 출시하다(= launch)
- **come onto the market** ~가 시장에 나오다
- **promote a product** 제품을 홍보하다
- **advertise a product** 제품을 광고하다
- **position A as B** A를 B로 포지셔닝하다
- **differentiate A from B** A를 B와 차별화하다
- **premium product** 고급 제품(= high-end product)
- **low-end product** 저가 제품
- **popular-priced product** 염가 제품
- **customized product** 맞춤형 제품

시장 점유율 Market Share

Our market share ... 시장 점유율이 ~
- **is getting higher and higher** 점점 높아지고 있다
- **exceeds 10%** 10%를 넘어선다
- **is experiencing ups and downs** 오르락내리락하고 있다
- **hit the bottom** 최저로 내려갔다

Useful Expressions

We just launched a new website.	저희는 막 새로운 웹사이트를 열었습니다.
Can you explain the specifications in detail?	사양을 구체적으로 설명해 주실래요?
This product is designed to meet customers' wants and needs.	이 제품은 고객들의 요구와 필요를 충족시키도록 설계되었습니다.
We are gaining market share.	우리 시장 점유율이 올라가고 있습니다.
We shall concentrate on this emerging market.	저희는 이 신흥 시장에 집중할 것입니다.
The product development is going well.	제품 개발이 잘 진행되고 있습니다.

Vocabulary Check-Up

A Match the meanings on the left with the expressions on the right.

1 저가 제품 · · ⓐ low-end product

2 주요 특징 · · ⓑ domestic market

3 국내 시장 · · ⓒ key features

4 틈새 시장 · · ⓓ product differentiation

5 제품 차별화 · · ⓔ customized product

6 맞춤형 제품 · · ⓕ niche market

B Complete the sentences using the given words.

1 우리 제품을 고급 제품으로 포지셔닝해야 합니다.
  ▶ We should _____ our products _____ premium products.

2 그것이 우리 제품을 타사 제품들과 차별화하는 최고의 방법입니다.
  ▶ That's the best way to _____ our products _____ others.

3 외관 디자인을 구체적으로 설명해 주실래요?
  ▶ Can you _____ the cosmetic design _____ _____?

4 그들은 경쟁사들을 희생시키면서 시장 점유율을 올리고 있습니다.
  ▶ They are gaining market share _____ _____ _____ _____ their competitors.

5 우리의 미국 시장 점유율이 바닥을 쳤습니다.
  ▶ Our market share in the U.S. _____ _____ _____.

Words

hit the bottom
explain
differentiate
at the expense of
in detail
position
from
as

C Refer to the Korean and fill in the blanks.

1 GM 자동차는 5년 넘게 한국에서 시장 점유율이 오르락내리락했습니다.
  ▶ GB Motors's market share has experienced _____ _____ _____ in Korea for more than five years.

2 사용자 인터페이스 상에서 약간의 개선사항을 알아볼 수 있을 겁니다.
  ▶ You can notice some _____ _____ in the user interface.

3 우리는 해외 시장, 특히 아시아 국가들에 그 감기약을 홍보하고 있습니다.
  ▶ We are promoting the cough medicine in the _____ _____, especially in Asian countries.

4 새로운 유기농 리큐어(식후에 마시는 단맛을 가한 알코올)가 시장에 출시되었습니다.
  ▶ A new organic liqueur has come _____ _____ _____.

5 저희는 마진이 아주 적거나 아예 없는 염가 제품들을 파는 것에 이력이 났습니다.
  ▶ We are tired of selling _____-_____ _____ at little or no profit.

33.mp3

A I hear that i-Lake just launched the G10. ¹**Could you give us an overview of** the launch?

B The launch is going well, and the response has been great.

A I've noticed some improvements in the functions compared to the previous model.

B Yeah, several functions have been added. Now you are able to use automatic navigation system on it. That's one of the improvements.

A What's your target market then?

B ²**We are focusing on** people who have never owned a robotic vacuum cleaner before.

A How important is the design to the success of a player like the G10?

B Nowadays, ³**people regard** robotic vacuum cleaners **as** a fashion accessory. The design is everything.

Pattern Training

1 **Could you give an overview of** [_____]**?** ~에 대해 대략적으로 말씀해 주시겠습니까?

① the newly-added function
② how this device works
③ your product portfolio strategy in Hong Kong

▶ 새롭게 추가된 기능 / 이 기기가 어떻게 작동하는지 / 홍콩에서의 제품 포트폴리오 전략

2 **We are focusing on** [_____]**.**
저희는 ~에 중점을 두고 있습니다.

① the French market to boost our market share
② the look and feel of our laptop computers
③ people who travel more than two times a month

▶ 시장 점유율을 올리기 위해 프랑스 시장 / 노트북의 외관과 느낌
/ 한 달에 두 번 이상 여행하는 사람들

> **중요 사안 언급하기**
>
> 유사 표현
> · **We are** currently **concentrating on** improving the quality.
> 현재 품질을 향상시키는 데 **집중하고** 있습니다.
>
> 관련 표현
> · This issue needs to be more **in focus**.
> 이 문제는 좀 더 **집중해야** 할 필요가 있습니다.

3 **People regard** [_____] **as** [_____]**.** 사람들은 …을 ~으로 간주합니다.

① this feature, a complete waste
② this product, one of the most innovative ones
③ cell phones, an essential part of their business lives

▶ 이 기능을, 완전히 쓸모없는 것 / 이 제품을, 가장 혁신적인 제품들 중 하나 / 휴대전화를, 사업 활동의 중요한 일부

34.mp3

A Pia has had its share of ups and downs in Vietnam.

B Yeah, you are right. But **¹our market share increased** to 15 percent this year. That's up from 10.5% last year. We have been gaining market share this year at the expense of HM Motors.

A Could you tell me what your target market share is?

B We are planning to have a 25-percent market share by 2025.

A What's your growth plan?

B Certain activities **²will be undertaken** during the course of the period.

A **³Can you explain** them **in detail?**

B Now we shall concentrate on the product promotions and after-sales service that we have been overlooking.

Pattern Training

1 Our market share increased ┈┈┈┈┈┈┈┈.
저희의 시장 점유율이 ~ 증가했습니다.

① to 45 percent in 2020
② by 10 percent, so now it's 25 percent
③ to 34 percent due to the new product

▶ 2020년에 45%로 / 현재 25%로 10%가 / 신제품 덕에 34%로

수치의 증감 말하기

유사 표현
▸ Our market share **reached** 45% last year.
우리의 시장 점유율이 작년에 45%에 **이르렀습니다.**

반대 표현
▸ Our market share **dropped** 3.5%.
우리의 시장 점유율이 3.5% **떨어졌습니다.**

2 ┈┈┈┈┈┈┈┈ will be undertaken. ~이 착수될 것입니다.

① A new marketing plan
② Some marketing activities
③ A new project for increasing our sales in Brazil

▶ 새로운 마케팅 계획 / 몇몇 마케팅 활동들 / 브라질에서 우리의 매출을 증가시킬 새로운 프로젝트

3 Can you explain ┈┈┈┈┈┈┈┈ in detail? ~을 구체적으로 설명해 주시겠습니까?

① why we should change our target age range
② how to raise our brand awareness
③ how to improve our products' quality

▶ 우리의 목표 연령대를 바꾸어야 하는 이유 / 우리 브랜드 인지도를 올릴 방법 / 우리 제품의 품질을 향상시킬 방법

A Make sentences using the given words.

hear / launch	plan / by	what / target market
focus on / never own	regard / as	market share / increase

1 저는 귀사에서 신형 자동차를 출시했다고 들었습니다.

▶

2 그들의 목표 시장이 어디죠?

▶

3 우리 고객들은 우리 제품을 저가제품으로 여기고 있습니다.

▶

4 우리의 시장 점유율이 작년에 15%로 증가했습니다.

▶

5 저희는 2025년까지 17%의 시장 점유율을 확보할 계획입니다.

▶

6 그들은 전에 자동차를 소유해 본 적이 없는 사람들에 집중하고 있습니다.

▶

B Match the beginnings of the sentences with their endings.

1 Our company has experienced ·   · ⓐ good times and bad times so far.

2 What do you think about ·   · ⓑ on after-sales service.

3 Now we shall concentrate ·   · ⓒ be undertaken next year.

4 Certain activities will ·   · ⓓ have been added.

5 How important is design ·   · ⓔ the Taiwanese market?

6 We are losing ·   · ⓕ to the success of our products?

7 Can you explain the function ·   · ⓖ in detail?

8 Yeah, several features ·   · ⓗ market share.

A   Listen to the conversation and answer the questions.   35.mp3

1   What product are they talking about?

    ▶ They are talking about ┆ ┄┄┄┄┄┄┄┄┄┄┄┄┄┄┄┄┄ ┆

2   What percentage is their current market share?

    ▶ Their market share is ┆ ┄┄┄┄┄┄┄┄┄┄┄┄ ┆ now.

3   What feature of the digital camera made them beat BestPics?

    ▶ ┆ ┄┄┄┄┄┄┄┄┄┄┄┄┄┄┄┄┄┄┄┄ ┆

B   Listen to the conversation and answer in the blanks.   36.mp3

1   When is the new product coming onto the market?

    ▶

2   How long did it take to develop the new product?

    ▶

3   What does one of the functions added have to do with?

    ▶

+ BIZ TIPs   세계 비즈니스 문화 탐방 – 중국 편

중국은 세계에서 가장 큰 성장 잠재력을 가진 나라다. 때문에 우리에게는 전략적으로 매우 중요하다. 이들의 비즈니스 문화를 살펴보자.

▶ **Do not use large hand movements.**
손을 크게 움직이는 건 삼가자.
중국인들은 대화 시 손동작을 많이 하지 않는다. 당신의 현란한 손동작은 그들에게 불쾌감을 줄 수 있다.

▶ **Personal contact must be avoided at all cost.**
개인적인 신체 접촉은 무조건 삼가라.

특히, 악수 이외에 남성이 여성을 접촉하는 것은 안 좋게 생각한다.

▶ **Always arrive on time or early if you are the guest.**
손님으로 초대받았다면 제시간에 또는 일찍 도착하라.
비즈니스에서 시간 엄수는 기본이다.

▶ **Do not discuss business at meals.**
식사 중에는 사업 얘기를 하지 말라.
잊지 마라. 식사 시간은 즐거워야 한다.

가격 전략과 목표 고객

Pricing Strategies and Target Customers

Vocabulary & Expressions

고객과 수요 Customers & Demands

- **prospective customer** 잠재 고객
- **serious customer** 실제 구매 고객
- **existing customer** 기존 고객
- **loyal customer** 우량 고객
- **consumer preferences** 고객 선호도
- **gaining customers** 고객 확보
- **luring customers** 고객 유치
- **the law of supply and demand** 공급과 수요의 법칙
- **reduced demand** 감소한 수요
- **meet the needs of customers** 고객의 요구에 부응하다
- **increase customer satisfaction** 고객의 만족도를 높이다
- **supply the demand for** ~의 수요를 충족시키다

가격 책정 Pricing

- **competitive price** 경쟁력 있는 가격
- **reserve price** 최저가격
- **affordable price** 저렴한 가격
- **reasonable price** 적당한 가격
- **tag price** 정가
- **retail price** 소매가격
- **retail price index** 소매 물가 지수
- **wholesale price** 도매가격(= trade price)
- **price range** 가격폭
- **going rate** (현) 시세
- **predatory pricing** 약탈적 가격책정
- **set the price** 가격을 책정하다
- **Pricing Strategies** 가격 전략(제품이나 서비스의 가격을 책정하는 원칙)
- **competitors' prices** 경쟁사들의 가격
- **manufacturing cost** 제조비
- **material cost** 재료비
- **profit margin** 이윤
- **expected demand** 예상 수요
- **sales forecast** 예상 판매량

Useful Expressions

The price should be around $90.
가격은 90달러 선이어야 합니다.

Our prices are based on the cost analysis.
저희 가격은 비용 분석에 근거를 두고 있습니다.

We benchmarked the products via the Internet.
우리는 인터넷을 통해 그 제품들을 벤치마킹했습니다.

Customers tend to choose products that look expensive.
고객들은 비싸 보이는 제품을 선택하는 경향이 있습니다.

It would be better to target rich regions.
부유한 지역을 목표로 하는 것이 낫습니다.

Why don't we expand our business?
우리의 사업을 확장하는 것이 어떨까요?

Vocabulary Check-Up

A Match the meanings on the left with the expressions on the right.

1	경쟁력 있는 가격	·	· ⓐ sales forecast
2	가격폭	·	· ⓑ prospective customer
3	이윤	·	· ⓒ competitive price
4	예상 수요	·	· ⓓ price range
5	잠재 고객	·	· ⓔ expected demand
6	예상 판매량	·	· ⓕ profit margin

B Complete the sentences using the given words.

1 장기 고객들은 가격에 덜 민감한 경향이 있습니다.

▶ Long-term customers _____ _____ be less price-sensitive.

2 예상 수요를 고려할 때, 그 제품의 가격은 100달러 미만이어야 합니다.

▶ Its price must be _____ _____ $100 given the expected demand.

3 우리의 가격은 경쟁사 세 곳의 것을 벤치마킹한 것입니다.

▶ We have _____ our prices _____ three competitors'.

4 목표 고객을 고려할 때, 우리는 사업을 그 지역으로 확장해야 합니다.

▶ Considering the target customers, we should _____ our business _____ the region.

5 세계적인 브랜드를 창조하기 위해 우리의 눈을 신발 업계로 돌리는 것이 낫습니다.

▶ We'd better _____ _____ _____ the footwear industry to create some world-class brands.

> **Words**
> benchmark
> less than
> expand
> tend to
> against
> turn one's eyes to
> into

C Refer to the Korean and fill in the blanks.

1 우리의 목표 고객은 중소 규모의 무역회사들입니다.

▶ Our _____ _____ are small to medium-sized trading firms.

2 우리는 경쟁사들의 가격도 고려해야 합니다.

▶ We have to take our _____ _____ into account as well.

3 우리의 가격 전략을 조정 또는 실행해야 할 때입니다.

▶ It is time either to adjust or to execute our _____ _____.

4 추가적인 서비스가 실제 구매 고객들에게 제공될 것입니다.

▶ The additional service will be given to _____ _____.

5 그들은 지난주에 공구세트의 소매가격을 15달러 99센트로 낮췄습니다.

▶ They reduced the _____ _____ of the tool set to $15.99 last week.

37.mp3

A ¹**Now it's time to** determine its price.

B I agree. I think the price should be around $100 given the material costs and the expected demand.

A I think it's too high. ²**We should also take** our competitors' prices **into account**. I benchmarked their prices against local retail stores. Their prices are $80 on average.

B Our product has more features than theirs though.

A I know. But customers tend to buy cheaper ones.

B ³**I think it would be better to** conduct a survey before we launch it so that we can find out the best retail price.

A You can say that again.

Pattern Training

1 **Now it's time to** [＿＿＿＿＿＿＿＿]. 이제 ~할 때입니다.

① determine our price for this new model
② employ a professional to establish a better marketing strategy
③ fine-tune our pricing strategy on the basis of long-term predictions

▶ 새로운 모델의 가격을 결정 / 더 나은 마케팅 전략을 세우기 위해 전문가를 고용 / 장기 예측에 근거하여 우리의 가격 전략을 세부화

2 **We should also take** [＿＿＿＿＿＿＿＿] **into account.**

~를 고려해야 합니다.

① the marketing mix
② how to lower the costs
③ the prices of our competitors

▶ 마케팅 믹스(여러 전략을 종합한 것) / 어떻게 비용을 낮출지 / 경쟁사들의 가격

고려사항 언급하기

유사 표현

▸ **We should consider** using a revenue management system.
수입관리 시스템의 사용을 고려해야 합니다.

반대 표현

▸ **We should exclude** Internetenabled devices from our product line.
우리 제품군에서 인터넷이 되는 제품을 **배제해야 합니다.**

3 **I think it would be better to** [＿＿＿＿＿＿＿＿].

~하는 것이 더 나을 것 같습니다.

① put an ad in the paper
② launch our flagship product next year
③ develop customized software to meet our customers needs

▶ 신문에 광고하는 것 / 내년에 대표 제품을 출시하는 것 / 고객의 요구에 부응하기 위해 맞춤 소프트웨어를 개발하는 것

Conversation 2 Discussing target customers 목표 고객에 대해 논의하기

38.mp3

A ¹**What motivated you to** start the music download service?

B I realized that people wanted to listen to music via the Internet because they use computers at work all day long. So I made up my mind to develop this service.

A Who are the target customers?

B ²**Our target customers are** music lovers who want to have access to all the music on PCs.

A How about the demographics of this market?

B It ranges in age from 27 to 40 years old. But really it is anyone who wants to download music online. And ³**we will expand our service into** the Asian market next year.

Pattern Training

1 **What motivated you to** [＿＿＿＿＿＿＿＿]?

~한 동기가 무엇입니까?

① develop this ergonomic design
② create the innovative voice recorder
③ be involved in the publishing industry

▶ 이 인체공학적인 디자인을 개발한 / 혁신적인 음성 녹음기를 만들어낸 / 출판업계에 들어간

이유 묻기

유사 표현
▸ **What made you** interested in the music download service?
음악 다운로드 서비스에 관심을 가진 이유가 무엇이죠?
▸ **Why did you** develop the product for youths?
왜 젊은 층을 위한 제품을 개발했나요?

2 **Our target customers are** [＿＿＿＿＿＿＿].

우리의 목표 고객은 ~입니다.

① kids who love video games
② engineers who want to develop their own products
③ women who are interested in fashion accessories

▶ 비디오 게임을 좋아하는 아이들 / 자신만의 제품을 개발하고자 하는 엔지니어 / 패션 액세서리에 관심이 있는 여성들

3 **We will expand our service into** [＿＿＿＿＿＿]. 우리의 서비스를 ~으로 확장할 것입니다.

① the smart TV market
② the European film market
③ the Chinese market

▶ 스마트 TV 시장 / 유럽 영화 시장 / 중국 시장

Practice 1 — Let's Speak!

A Match the questions to the answers.

1 Who are the target customers?

2 What motivated you to start the movie download service?

3 What's your business plan for next year?

4 Why don't we use a scientific method for our pricing strategy?

5 Isn't it time to adjust its retail price?

Answers

ⓐ That's a good idea. Do you have something to recommend?

ⓑ Yeah, you're right. Our price is well above the average market price.

ⓒ We will expand our business into the Japanese market.

ⓓ I realized that many people want to see movies on the Internet.

ⓔ Our target customers are those with an average income of more than $30,000 per year.

B Fill in the blanks to complete the sentences.

1 우리의 연간 예산도 고려해야 합니다.

▶ We should also _____ our annual budget _____ _____.

2 다음 주에 수입 차의 가격을 결정하기 위한 회의를 가질 예정입니다.

▶ We will be having a meeting to _____ _____ of the imported vehicle next week.

3 브라질 시장을 목표로 하는 것이 나을 것 같습니다.

▶ It would be better to _____ the Brazilian market.

4 고객들은 인터넷을 통해 물건을 살 때 충동적인 경향이 있습니다.

▶ Customers _____ _____ be impulsive when it comes to buying goods over the Internet.

C Match the beginnings of the sentences with their endings.

1 We will have to expand our business ·   · ⓐ those who care about their cars.

2 Our target customers are ·   · ⓑ the price of this diesel fuel?

3 This product has more functions ·   · ⓒ than other products.

4 We are planning to find out ·   · ⓓ the best way to define our customer.

5 Our competitors always take ·   · ⓔ into new and emerging markets.

6 Did you determine ·   · ⓕ changing customer tastes into account.

A What will probably happen after the conversation?

39.mp3

	more likely	less likely
1 Amanda will conduct a price analysis.		
2 They will make a TV commercial.		
3 There will be price adjustments.		

B Listen and answer the questions.

40.mp3

1 Who are the target customers?

▶

2 What product are they talking about?

▶

3 What is the target market this year?

▶

C Listen and fill in the blanks.

41.mp3

A: _____¹_____ Asia than Europe.

B: Why?

A: European shoppers are reluctant to open their purses due to their dwindling incomes. On the contrary, Asian shoppers are enjoying growing economies and are keen to buy luxury handbags.

B: Who ²_____?

A: Our target customers are ladies who have modern styles and are sensitive to trend changes.

B: How about ³_____?

A: ⁴_____

who are single and are earning decent money.

+ BIZ TIPs "좀 더 협의해 보죠"

조금 더 생각해 보고 결정해야 하는 상황에서 활용하기 좋은 표현들을 익혀 보자.

▶ **I think we need more time to think about it.**
이에 대해 생각해 볼 시간이 좀 더 필요합니다.
A: Then let's slash the price. 그러면 가격을 대폭 낮춥시다.
B: I think we need more time to think about it.
좀 더 생각할 시간이 필요한 것 같습니다.

▶ **We have to talk about this issue more.**
우리는 이 건에 대해 좀 더 협의해 봐야 합니다.
A: We should talk about this more.
이 문제에 대해 좀 더 협의해 봐야 합니다.
B: Let's do that, but let's take a 10-minute break first.
그렇게 하죠. 그런데 우선 10분 간 휴식합시다.

유통 경로와 시장 조사

Distribution Channels and Market Research

Vocabulary & Expressions

유통과 마케팅 Distribution & Marketing

- **supplier** 공급업체
- **e-commerce** 전자 상거래
- **franchising** 체인점, 가맹점
- **outlet store** 할인점
- **mail-order sale** 우편주문 판매
- **product image** 제품 이미지
- **brand preference** 브랜드 선호도
- **product life cycle** 제품 수명 주기
- **wholesalers** 도매업체(제품 소유주로부터 물건을 구매하여 소비자 또는 소매업체에 물건을 판매함)
- **agents** 판매 대리인(보통 국제 무역에서 특정 국가의 유통을 맡는 것)
- **retailers** 소매업체(도매업체로부터 물건을 구매하여 소비자에게 판매함)
- **direct sales** 직접 판매(제품 소유주가 직접 판매하는 것으로, TV홈쇼핑 등을 이용한 판매)

시장조사 Market Research

- **statistical survey** 통계적 여론조사
- **sample population** 표본 집단
- **focus group** 포커스 그룹(테스트 상품에 대해 토의하는 소비자 그룹)
- **result analysis** 결과 분석
- **questionnaire** 설문지
- **respondent** 응답자
- **conduct a survey** 설문조사를 실시하다
- **meet one's needs** ~의 요구를 충족시키다
- **test-market** 시험 판매하다
- **collect feedback** 반응을 모으다
- **mail survey** 우편 조사법
  ➜ 조사 대상자에게 설문지를 발송하여 회답을 기입, 회송하게 하는 방법
- **telephone survey** 전화 조사법
  ➜ 전화로 질문을 하고 회답을 얻어서 조사 자료를 수집하는 방법
- **interviewing method** 면접 조사
  ➜ 조사원이 조사 대상에게 질문한 다음 그 응답을 조사원 자신이 기록하는 방법
- **panel survey** 패널 조사
  ➜ 조사 대상을 고정시키고 그들에게 여러 가지 질문을 던져서 자료를 수집하는 방법

Useful Expressions

I'm thinking about a TV ad to gain more customers.

We conducted a survey about our sales clerks.

This product meets customers' needs for quality and safety.

We have no idea who our customers are.

We should optimize our distribution process.

We have made various attempts to reflect customer opinion.

저는 더 많은 고객을 얻기 위해 TV 광고를 **생각 중이에요.**

우리는 매장 판매원들**에** 대해 설문조사를 **실시했습니다.**

이 제품은 품질과 안전**을 원하는 고객들의 요구를 충족시킵니다.**

우리는 우리 고객이 누구인지도 **모릅니다.**

우리는 유통 과정을 **최적화해야 해요.**

우리는 고객의 의견을 반영하기 위해 **다양한 시도를 해 왔습니다.**

Vocabulary Check-Up

A Match the meanings on the left with the expressions on the right.

1 전자 상거래 · · ⓐ sample population

2 결과 분석 · · ⓑ distribution channel

3 표본 집단 · · ⓒ marketing research firm

4 유통 경로 · · ⓓ e-commerce

5 할인점 · · ⓔ result analysis

6 마케팅 조사 회사 · · ⓕ outlet store

B Complete the sentences using the given words.

1 소비자들은 얼마 후에 가격이 오를 것이 예상되면 더 많이 사는 경향이 있다.

▶ Consumers _____ _____ _____ buy more if prices are expected to rise in the near future.

2 저희는 한국에서 가장 큰 소매업체 중 하나인 G–Mart와 계약을 체결했습니다.

▶ We _____ _____ _____ with G-Mart, one of the largest retailers in Korea.

3 내년에 두 지역에서 저희 서비스를 시험 판매할 겁니다.

▶ We will _____-_____ our service in the two regions next year.

4 저희는 전국 최대 규모의 유기농 제품 생산 및 유통업체입니다.

▶ We are the nation's largest producer and _____ of organic products.

5 저는 우리의 유통 계획이 재고되어야 한다고 굳게 믿습니다.

▶ I firmly believe that our distribution plans must _____ _____.

> **Words**
> sign
> be inclined to
> test-market
> reconsider
> a contract
> distributor

C Refer to the Korean and fill in the blanks

1 오늘 우리 마케팅 팀이 포커스 그룹 미팅을 열 것입니다.

▶ Today our marketing team will hold a _____ _____ _____.

2 분석 결과, 응답자들 중 40%가 적어도 일 년에 한 번 우리 제품을 씁니다.

▶ Our analysis shows 40% of the _____ use our products at least once a year.

3 이 시장에 우리가 활용할 수 있는 몇몇 유통 경로가 있습니다.

▶ There are several _____ _____ we can use for this market.

4 저희는 16세~40세 여성들에게 설문지를 발송했습니다.

▶ We sent _____ to women _____ the ages of 16 and 40.

5 그는 고객경험이 브랜드 선호도를 키우는 데 얼마나 중요한지를 설명했습니다.

▶ He illustrated how customer experience is critical to building _____ _____.

42.mp3

A [1]**We need to increase our** product **distribution channels to** gain more customers. How about establishing a website? That way, travelers will be able to buy their travel packages through it.

B Oh, what a good idea! More and more travelers [2]**are inclined to** buy their travel packages online.

C Besides, [3]**I suggest we sell our products on** a TV home shopping channel. I firmly believe it will turn around the disappointing sales of our latest travel packages.

A Yeah, I heard Air Travel Agency's sales have remarkably increased since they started advertising on a TV home shopping channel. Let's negotiate with TG Home Shopping, one of the largest TV home shopping channels.

Pattern Training

1 We need to increase our distribution channels to _____.

~하기 위해 우리의 유통 경로를 늘릴 필요가 있습니다.

① increase our sales
② compete with our competitors
③ expose our products to more consumers

▶ 매출을 늘리기 위해 / 경쟁사와 경쟁하기 위해 / 더 많은 소비자에게 우리 제품을 노출시키기 위해

2 People are inclined to _____.

사람들은 ~하는 경향이 있습니다.

① buy brand-name products
② buy that type of product online
③ choose environmental-friendly products

▶ 유명상표의 제품을 사는 / 그런 종류의 제품을 온라인으로 사는 / 환경 친화적인 제품을 선택하는

일반 경향 말하기

유사 표현

▶ **In general**, people are afraid to appear ignorant.
일반적으로 사람들은 무지해 보이는 것을 두려워합니다.

반대 표현

▶ The publishing company **declined to** distribute the antigovernment novel.
그 출판사는 그 반정부 소설의 유통을 거절했다.

3 I suggest we sell our products on _____.

~에서 우리 제품을 팔 것을 제안합니다.

① the e-shopping mall
② retail stores like BestBuy
③ websites such as E-Bay and Amazon

▶ 전자 쇼핑몰 / BestBuy 같은 소매업체 / 이베이와 아마존 같은 웹사이트

43.mp3

A The product that was launched last year hasn't been selling well at all.

B I know. I think the problem is that we have no idea what our customers need.

A Why don't we conduct some market research? I think ¹**that's the only and best way to** reflect their opinions in our products.

B I'm with you on that. Then we need to hire a marketing research firm.
²**Do you have** one **in mind?**

A Yes, MarketTrend is the most reliable company. And I think we should conduct a survey of young females in their 20s to 30s living in Seoul because they are the key customers.

B I see. Also ³**we should ask the company to** hold a focus group meeting.

Pattern Training

1 **That's the only and best way to** [_____].

그것이 ~하는 유일한 최선의 방법입니다.

① find out their needs
② reduce customer complaints
③ increase our distribution channel

▶ 그들의 필요를 찾아내는 / 소비자 불만을 줄이는 / 우리의 유통 경로를 늘리는

2 **Do you have** [_____] **in mind** [_____]?

…에 대해 ~을 마음에 두고 계세요?

① anyone, for this particular technical position
② a specific budget range, for this project
③ an ideal price, for this microphone

▶ 이 특정 기술직에 대해, 어떤 사람 / 이 프로젝트를 위해, 특별한 예산 한도 / 이 마이크의, 이상적인 가격

3 **We should ask the company to** [_____].

그 회사에 ~하도록 요청해야 합니다.

① carry out a survey on our new service
② design our cars according to the results of our market survey
③ make a survey form and request that customers fill it in

▶ 우리의 신규 서비스에 대한 설문조사를 실시 / 시장조사의 결과에 따라 차를 디자인 /
설문조사 양식을 만들어서 고객들에게 기입

요청하기

유사 표현

▶ **We should persuade the company to** distribute our products.
우리의 제품을 유통시키도록 그 회사를 설득해야 합니다.

▶ **We should force the company to** stop selling the same items as ours.
그 회사에 우리와 같은 제품을 파는 것을 중단하도록 강요해야 합니다.

Practice 1　Let's Speak!

A　Fill in the blanks with the given words.

| marketing survey | have no idea | conduct | sell through | of |
| be inclined to | create | establish | in mind | sell well |

1 A: We should _____ another distribution channel.

   B: Yeah, actually I'm thinking about _____ a website.

     또 다른 유통 경로를 만들어야 합니다. – 네, 사실 웹사이트 구축을 고려하고 있습니다.

2 A: We _____ what our customers really need.

   B: That's why we have to _____ a survey.

     우리는 고객들이 정말로 원하는 것이 무엇인지 모르고 있어요. – 그것이 우리가 설문조사를 해야 하는 이유예요.

3 A: Did you conduct a _____?

   B: Yes, we conducted a survey _____ 300 females living in London.

     마케팅 조사를 했나요? – 예, 런던에 사는 여성 300명을 대상으로 실시했습니다.

4 A: I don't see why our products are not _____ on the market.

   B: Customers _____ buy small lipsticks, but ours are too big.

     시장에서 우리 제품들이 잘 팔리지 않는 이유를 모르겠어요. – 고객들은 작은 립스틱을 사려는 경향이 있어요. 그런데 우리 것은 너무 크죠.

5 A: What about _____ an auction website?

   B: Do you have a website _____ for that?

     경매사이트를 통해 파는 것은 어떨까요? – 생각하고 있는 웹사이트가 있나요?

B　Fill in the blanks while referring to the Korean.

  A: Your brand-new dairy product is really selling well _____ _____ _____.

     귀사의 새로 나온 유제품이 시장에서 굉장히 잘 팔리고 있네요.

  B: Yeah, I'm very surprised by its _____ _____ over the last few months.

     네, 저도 지난 몇 개월 동안의 매출 성과에 정말 놀랐어요.

  A: What's your _____ _____? How did you promote and _____ it?

     판매 전략이 뭐죠? 어떻게 홍보하고 유통시킨 건가요?

  B: Actually, we _____ _____ one of the largest retail stores in France.

     사실은 저희가 프랑스에서 가장 규모가 큰 소매업체 중 한 곳과 계약을 맺었어요.

  A: Wow, congratulations!　와, 축하합니다!

  B: Thanks. They are _____ _____ and selling our daily product.

     고마워요. 그들이 공격적으로 저희 유제품을 홍보하고 팔고 있어요.

Practice 2 — Listen-up!

A-1 Listen to the conversation and answer the questions. 44.mp3

1 When will the RadioStar be launched? ▶ _____

2 How many people in the focus group are satisfied with the new Internet radio service?

    ▶ _____

3 What's their target market this year? ▶ _____

A-2 Listen and check true or false. 44.mp3

	True	False
1 The man conducted market research.		
2 They will focus on the Asian market next year.		
3 The number of their target markets next year is one.		

B Listen to the conversation and fill in the blanks. 45.mp3

A: <u> ¹ </u>_____ will our leather bags <u>²</u>_____ in Korea?

B: Well, there are various ways to distribute them. However, I think <u>³</u>_____

_____ and eventually more lucrative than any other methods.

A: Is there any reason for that?

B: As you might know, Korea's <u>⁴</u>_____ most other countries.

A: I see.

B: Also, <u>⁵</u>_____ buy stuff online, because they don't have to deal

with the pushy salespeople.

A: Okay, that makes perfect sense.

B: In addition to that, we will sell them <u>⁶</u>_____.

+ BIZ TIPs 세계 비즈니스 문화 탐방 – 인도 편

인도는 중국과 함께 성장 잠재력이 큰 나라로 각광받고 있다. 빈부의 격차가 크기 때문에 아직은 경제 대국으로 갈 길이 험난하지만 가능성은 크다. 이들의 비즈니스 문화는 어떨까?

▶ **복장**: 미팅이나 평상시 복장으로, 남성은 짧은 반팔 셔츠와 긴 바지가 적당하다. 여성은 팔 윗부분, 가슴, 등 다리를 가리는 옷을 입는 것이 예의다.

▶ **금지 행동**: 발로 사람을 가리키는 행동은 장난이라도 하지 말자. 인도에서 발은 불결한 것으로 간주된다.

▶ **선물**: 선물을 받았다면 준 사람 앞에서 풀어보는 일은 없도록 하자.

▶ **비즈니스 식사**: 저녁 식사보다는 점심 식사를 제안하자. 힌두교인들은 소고기를 먹지 않고 무슬림은 돼지고기를 먹지 않는다.

제품 홍보와 브레인스토밍

Product Promotions and Brainstorming

Vocabulary & Expressions

홍보 Promotion

- **sales promotion** 판촉
- **sales tactics** 판매 전술
- **advertisement** 광고(advertise 광고하다)
- **tag line** 광고에서 가장 기억에 남는 문구
- **promotional products** 홍보용 제품(= advertising specialty)
- **promotional event** 홍보 행사
- **put an ad in the paper** 신문에 광고를 내다
- **promote** 홍보하다
- **leaflet** 광고 전단

마케팅 전략 Marketing Strategies

- **main attraction** 강점(= selling point)
- **USP(unique selling point)** 가장 두드러진 제품의 특징
- **competitive product** 경쟁력 있는 제품
- **competitive advantage** 경쟁적 우위점
- **differentiation strategy** 차별화 전략
- **specialization** 특화 **customization** 맞춤화 **localization** 현지화 **globalization** 국제화
- **strengthen one's competitiveness** 경쟁력을 강화하다
- **differentiate A from B** A를 B와 차별화하다
- **brainstorm** 브레인스토밍하다

홍보 방법

- **TV commercial** TV 광고
- **telemarketing** 텔레마케팅
- **word of mouth** 입소문
- **e-mail marketing** 이메일 마케팅
- **classified ads in newspapers and magazines** 신문·잡지의 지면 광고
- **online advertising** 온라인 광고(= web marketing)
- **billboard** 게시판 광고

스왓(SWOT) 분석

- ▶ **Strength** 회사의 강점
- ▶ **Weakness** 회사의 약점
- ▶ **Opportunities** 회사의 기회 요소
- ▶ **Threats** 회사의 위협 요소

브랜드 마케팅 Brand Marketing

- **branding** 회사의 이미지를 창조하는 활동
- **brand name** 브랜드 이름
- **brand image** 브랜드 이미지
- **brand awareness** 브랜드 인지도
- **brand loyalty** 브랜드 충성도
- **brand value** 브랜드 가치

Useful Expressions

I'm seriously thinking about how to promote our sportswear.
저는 우리 운동복을 **어떻게 홍보할지** 진지하게 고민하고 있습니다.

Let's put an ad in the paper.
신문에 **광고를 냅시다.**

That might be risky.
그것은 위험할지도 몰라요.

That will make us stand out from the other companies.
그 점이 **우리를** 다른 회사들**보다 돋보이게 해** 줄 겁니다.

I would like to brainstorm thoroughly on our brand image.
우리의 브랜드 이미지에 대해 **철저하게 생각해 보고 싶습니다.**

I would like to move our focus to niche markets.
저는 **우리의 초점을** 틈새시장**으로 돌렸으면** 합니다.

Vocabulary Check-Up

A Match the meanings on the left with the expressions on the right.

1	홍보용 제품	·	· ⓐ word of mouth
2	광고에서 가장 기억에 남는 문구	·	· ⓑ sales tactics
3	판매 전술	·	· ⓒ promotional products
4	최고의, 일류의	·	· ⓓ local newspaper
5	지역 신문	·	· ⓔ tag line
6	입소문	·	· ⓕ top-notch

B Complete the sentences using the given words.

1 저희는 신문에 지면 광고를 넣어서 제품을 홍보할 겁니다.
   ▶ We will promote the product by _____ some _____ _____ in the newspapers.

2 최고의 회사가 되기 위해서는 R&D에 집중해야 합니다.
   ▶ To be a top-notch company, we should _____ _____ R&D.

3 우리의 겨울용 장갑을 홍보할 다양한 방법이 있습니다.
   ▶ There are various _____ to _____ our winter gloves.

4 세계적인 회사가 되기 위해서 우리는 때때로 위험을 감수해야 합니다.
   ▶ To be a world-class company, we should _____ _____ at times.

5 장애가 되는 절차들은 제거하여 확실하게 경쟁력을 강화해야 합니다.
   ▶ We should definitely _____ our _____ by getting rid of procedural obstacles.

> **Words**
> promote
> take risks
> focus on
> strengthen
> ways
> competitiveness
> put classified ads

C Refer to the Korean and fill in the blanks.

1 펜이나 열쇠고리와 같은 홍보용 제품을 만드는 것이 어떨까요?
   ▶ How about making some _____ _____ like pens or key rings?

2 우리의 제품 차별화 전략을 짜기 위한 회의를 가질 겁니다.
   ▶ We will hold a meeting to map out our product _____ _____.

3 TV 광고를 만드는 것은 어떨까요?
   ▶ What about making a _____ _____?

4 우리의 경쟁적 우위점은 탁월한 생산능력에 있다고 생각합니다.
   ▶ I guess our _____ _____ lies in the outstanding production capacity.

5 어떻게 하면 저희 브랜드 이미지가 좋아질까요?
   ▶ How can we make our _____ _____ better?

Conversation 1 Talking about promotions 홍보에 대해 말하기

46.mp3

A Our new medicine is coming onto the market next month. Have you ever thought about how to promote it?

B There are various ways, but our marketing budget [1]**should be considered**.

A You don't have to worry about it. Our company has budgeted $100,000 for the sales promotions.

B Wow, [2]**I didn't realize how** generous our company was!
Why don't we put an ad in our local newspaper?

C How about making some advertising specialties like pens or key rings?

D Yeah. [3]**More importantly**, we must make a TV commercial this time.
Television has the powerful advantages of visual impact.

Pattern Training

1 _____ **should be considered.** ~가 고려되어야 합니다.

① Our target audience
② How to appeal to our customers
③ Which method we should use as a promotional tool

▶ 우리의 목표 청취자들이 / 고객들에게 어떻게 어필할지 / 홍보 수단으로 어떤 방법을 사용할지

고려 요소 언급하기

유사 표현
- Several proposals **are under consideration.**
  몇몇 제안들이 고려 중입니다.
- We already **took** teenagers **into consideration.**
  우리는 이미 십대들을 고려했습니다.

2 **I didn't realize how** _____. 얼마나 ~한지 몰랐네요.

① great your company was
② passionate our marketers were
③ powerful the effect of marketing and advertising was

▶ 당신의 회사가 훌륭한지 / 우리의 마케터들이 열정적인지 / 마케팅과 광고의 효과가 강력한지

3 **More importantly,** _____. 더욱 중요한 것은, ~라는 겁니다.

① we must keep our existing customers
② we need to begin a cash-giveaway promotion
③ the models should be hired for the promotional event

▶ 우리의 기존 고객을 지켜야 한다는 / 현금 상품 홍보를 시작할 필요가 있다는 / 홍보 이벤트에 모델들이 기용되어야 한다는

47.mp3

A I don't know why our company is suffering from a deficit.

B ¹**That's why** we are here. I would like to brainstorm on our corporate strategy. What do you think our company's sustainable competitive advantage is?

A I think our strength is production capacity.

B That's the problem. We shouldn't be just a manufacturer anymore. ²**We should** definitely **strengthen our competitiveness by** moving our focus to research and development.

A That might be risky.

B How can we possibly be a top-notch company without taking risks? ³**We should be specializing in** semiconductors.

Pattern Training

1 **That's why** [_____]. 그것이 ~한 이유입니다.

① they are interested in our products
② we are blamed for a lack of quality services
③ you need to invest in production facilities

▶ 그들이 우리 제품에 관심이 있는 / 우리가 질 좋은 서비스가 부족하다고 비난받는 / 당신이 생산 시설에 투자해야 하는

2 **We should strengthen our competitiveness by** [_____].

우리는 ~함으로써 경쟁력을 강화해야 합니다.

① investing in R&D
② selling premium products
③ hiring some famous medical doctors

▶ 연구개발에 투자 / 고급 제품들을 판매 / 유명한 의사들을 고용

경쟁력 언급하기

유사 표현

‣ We should make our competitiveness better by taking part in a famous electronic show.
유명한 전자쇼에 참여함으로써 우리의 경쟁력을 향상시켜야 합니다.

‣ Our high defect rates are causing substantial damage to our competitiveness.
높은 불량률이 우리의 경쟁력에 막대한 손해를 주고 있습니다.

3 **We should be specializing in** [_____].

우리는 ~을 전문화해야 합니다.

① IT technologies
② children's medicine
③ high-end products to improve our brand awareness

▶ IT 기술 / 소아용 약품 / 우리의 브랜드 인지도를 높이기 위해 최고급 제품

Practice 1 — Let's Speak!

A Make sentences using the given words.

put / in the paper	brainstorm / brand strategy	budget / promotional products
specialize / innovative	make / TV commercial	improve / defect rates

1 신문에 광고를 합시다.

▶ Let's _____.

2 그들은 이번에 TV 광고를 만들었습니다.

▶ _____.

3 불량률을 낮춤으로써 우리의 브랜드 이미지를 개선했습니다.

▶ We _____.

4 우리의 브랜드 전략에 대해 자유롭게 이야기해 보고 싶습니다.

▶ We would like to _____.

5 우리는 혁신적인 IT 제품들을 특화해야 합니다.

▶ We should _____.

6 그의 회사는 홍보용 제품을 위해 십만 달러를 예산으로 책정했습니다.

▶ His company has _____.

B Match the beginnings of the sentences with their endings.

1 Our new camera is coming · · ⓐ our brand recognition.

2 I will convene a meeting · · ⓑ more products than ours.

3 No companies can produce · · ⓒ onto the market this week.

4 The first consideration is · · ⓓ to brainstorm on our future plans.

5 I didn't realize · · ⓔ how important our brand image was.

6 I don't know why · · ⓕ our company is in the red.

A Listen and fill in the blanks. 48.mp3

A: We've decided to _____ _____ _____ _____ for the new color printer.

B: Really? What kind of promotional product _____ _____ _____ _____ _____?

A: I think a mouse pad _____ _____ _____. What do you think?

B: That's not bad. But I think _____ _____ _____ _____ _____ _____ the printer.

A: Do you think so? Then _____ _____ _____ _____ _____ _____ _____?

B: _____ _____ a box of printer paper?

A: Hmm… I think that's too heavy.

B Listen and answer the questions. 49.mp3

1 What's their strength? ▶

2 Do they agree that their R&D might be another strength? ▶

3 What does Dave think their strength might be? ▶

C Listen and mark true or false. 50.mp3

	True	False
1 Jim's Club is the speakers' second biggest competitor.		
2 Jim's Club is doing a special promotion.		
3 The speakers are planning to make earrings with their company logo.		

+ BIZ TIPs 주장을 강력하게 만들어주는 부사

비즈니스 석상에서 너무 자기 주장만 밀어붙이는 것은 좋지 않지만 때로는 자신의 신념을 소신껏 나타낼 필요도 있다. 이때 쓸 수 있는 부사들을 알아보자.

▶ **Entirely** 전적으로
Our prices depend entirely on the market situation.
우리의 가격은 전적으로 시장 상황에 달려 있습니다.

▶ **Extremely** 엄청나게
Our brand-new tablet PC is working extremely well.
우리의 최신 태블릿 피씨는 아주 잘 작동합니다.

▶ **Completely** 완전히
Our products are completely different from others.
우리 제품은 타사 제품들과는 완전히 다릅니다.

▶ **Absolutely** 절대적으로
I absolutely agree with you.
저는 전적으로 당신의 말에 동의합니다.

Jeff Bezos
"Visionary"

Jeff Bezos's ultimate goal is to build Amazon into the biggest Internet retailer on Earth. During the Web 1.0 Era, he was named Time magazine's Man of the Year, but many on Wall Street wrote his company off during the bust. Now, Bezos is back, and his efforts to turn Amazon into a web platform for both consumers and partners have paid off.

What's his next plan?

Jeff Bezos has always been keen on anything that can be revolutionized by computers. Intrigued by the amazing growth in the use of the Internet, he created a business model that takes advantage of the Internet's unique ability to deliver a wealth of information in an efficient manner. In 1994, Bezos founded Amazon.com, Inc., now the leading online retailer, and offered services that traditional retailers could not: lower prices, plenty of product information, and so on.

제프 베조스의 최종 목표는 '아마존'을 지구상에서 가장 큰 인터넷 소매상으로 만드는 것이다. 웹1.0 시대에는 타임 지 올해의 인물로 선정되기도 했지만, 월 스트리트의 많은 전문가들은 재정적인 어려움을 겪는 아마존을 깎아내리기도 했다. 이제 그는 다시 돌아왔고, 아마존을 고객과 파트너들을 위한 하나의 웹 플랫폼으로 변신시키려는 그의 노력은 결실을 보았다. 그의 다음 계획은 무엇일까?

제프 베조스는 컴퓨터에 의해 혁신적으로 개선될 수 있는 것은 무엇이든 깊은 관심을 기울여왔다. 인터넷 사용량이 엄청나게 증가하고 있는 것에 자극을 받은 그는 인터넷의 고유한 능력을 활용하여 효율적으로 풍부한 정보를 제공하는 비즈니스 모델을 창조했다. 1994년 베조스는 현재 업계를 선도하는 온라인 유통점인 아마존을 창설했고, 기존의 유통이 제공할 수 없었던 낮은 가격과 풍부한 제품 정보 등을 서비스로 제공하고 있다.

1 write off ~의 명성을 깎아내리다

The manager is fed up with people **writing** her **off** because of her age.
그 매니저는 나이 때문에 그녀를 깎아내리는 사람들에 이골이 났다.

2 during the bust 재정적으로 심각하게 어려운 시기 동안

They kept most of the funds raised and used them for expansion **during the bust**.
그들은 모은 기금의 대부분을 보관했다가 재정적으로 어려운 시기에 사업 확장을 위해 사용했다.

3 pay off 결실을 맺다

His marketing activities in Brazil have **paid off**.
브라질에서의 그의 마케팅 활동은 결실을 맺었다.

4 be keen on ~에 지대한 관심이 있다

The CEO **is keen on** E-commerce that will help the company keep up with transformations in the chemical industry.
그 CEO는 화학 산업의 변화에 대처하는 데 도움이 될 전자 상거래에 지대한 관심을 가지고 있다.

5 take advantage of ~을 활용하다

We should **take advantage of** the boom in world electronics industry.
우리는 세계 전자 산업의 호황기를 이용해야 합니다.

Who is Jeff Bezos?

세계 최대 인터넷 유통업체인 '아마존닷컴'의 창업자. 일찍이 창업자 정신과 엉뚱한 기질을 드러냈던 베조스는 고등학교 재학시절 자신의 첫 번째 사업을 시작해 돈을 벌었고, 프린스턴 대학교를 최우수 성적으로 졸업하여 금융업계에 입사, 자산관리 업무를 했다. 온라인 판매의 가능성을 읽은 베조스는 고객의 선택폭이 넓은 품목을 찾다가 서적을 팔기로 결정하고, 서적 유통업체인 잉그램이 있는 시애틀에 정착, 창업 멤버 세 명과 함께 차고 안에 컴퓨터를 설치했다. 창업 2년 만에 세계 최고의 인터넷 기업으로 우뚝 서면서 수많은 서적 도매상들을 도산으로 이끈 아마존의 신화가 여기서 시작되었다. 현재는 서적뿐 아니라 음반, 핸드폰, 완구, 주방 용품 등 수많은 상품을 파는 전 세계 최대 온라인 쇼핑몰이 되었다.

Jeff Bezos says

"A brand for a company is like a reputation for a person. You earn reputation by trying to do hard things well."
회사의 브랜드란 사람의 평판과 같다. 어려운 일을 잘 극복함으로써 좋은 평판을 얻을 수 있다.

"There are two kinds of companies: those that work to try to charge more and those that work to charge less. We will be the second."
두 종류의 회사가 있다. 비용을 더 부과하려고 하는 회사와 덜 부과하려고 하는 회사. 우리는 후자가 될 것이다.

International Business
Money and Finance

PART 4
재정 및 금융

인수 합병

Mergers and Acquisitions

Vocabulary & Expressions

기업 환경 Business Environments

- **competitors** 경쟁자(= rivals)
- **stiff competition** 치열한 경쟁(stiff = fierce)
- **zero-sum game** 규모가 늘어나지 않는 시장에서의 경쟁
- **key players** 특정 시장에서 가장 중요한 회사들(↔ minor players)
- **low-key** 경쟁이 치열하지 않은 시장
- **price-sensitive market** 가격에 민감한 시장
- **compete** 경쟁하다
- **start-ups** 신생 회사
- **diversify** 다양화하다
- **expand** 확장하다
- **restructure** 구조조정하다
- **file for bankruptcy** 파산 신청을 하다
- **get worse** 악화되다
- **get better** 개선되다
- **remain the same** 같은 상태를 유지하다
- **create synergy** 상승 작용을 내다

인수 합병 M&A

- **acquisition** 인수(= takeover, buyout)
- **acquire** 인수하다(= take over)
- **merge** 합병하다(= combine)
- **consolidation** 합병(= merger)
- **conglomerate** 복합기업
- **parent company** 모회사
- **subsidiary** 자회사(= sister company)
- **monopoly** 전매; 독점회사
- **layoff** 해고(= cutback)
- **friendly acquisition** 우호적 인수
  - ➜ 피인수 기업의 경영진과 우호적인 협의에 의해 이루어지는 인수
- **hostile acquisition** 적대적 인수
  - ➜ 상대 기업의 동의 없이 강행하는 기업의 인수
- **horizontal merger** 수평적 합병
  - ➜ 한 회사가 비슷한 제품을 판매하는 회사와 합치는 것
- **vertical merger** 수직적 합병
  - ➜ 한 회사가 자신의 고객 회사 또는 하부 회사와 합치는 것

Useful Expressions

What's going on with the company?	그 회사는 어떻게 되어가고 있나요?
This company is suffering from severe financial problems.	이 회사는 심각한 재정난으로 고통받고 있습니다.
Do you have any plans to boost your sales growth?	귀사의 매출 성장을 촉진시킬 계획이 있나요?
I don't see why we are experiencing a financial crisis.	저는 우리가 왜 재정적 위기를 겪고 있는지 모르겠습니다.
They have much interest in the merger with our company.	그들은 우리 회사와의 합병에 관심이 많습니다.
What made you decide to reject the friendly acquisition?	왜 그 우호적인 인수를 거절하게 된 겁니까?

Vocabulary Check-Up

A Match the meanings on the left with the expressions on the right.

1 파산하다 • • ⓐ fierce competition

2 재정적인 문제 • • ⓑ financial problem

3 치열한 경쟁 • • ⓒ go bankrupt

4 적대적 인수 • • ⓓ pay off

5 제품군을 다양화하다 • • ⓔ diversify product lines

6 성과를 거두다 • • ⓕ hostile acquisition

B Complete the sentences using the given words.

1 그들은 그 시장에서 낮은 수익 마진으로 고생하고 있습니다.
  ▶ They are _____ _____ slim profit margins in the market.

2 그들은 가격에 민감한 시장에 대해 걱정하고 있습니다.
  ▶ They are _____ _____ this price-sensitive market.

3 이 에너지 회사는 운영 효율을 높이는 데 계속해서 어려움을 겪고 있습니다.
  ▶ This energy company _____ its _____ to improve its operational efficiency.

4 이 회사는 시장 점유율 면에서 미국에서 두 번째로 큰 회사가 될 것입니다.
  ▶ This company would _____ _____ to be the number-two company in America _____ _____ _____ market share.

5 그 회사는 상황을 호전시킬 계획을 갖고 있나요?
  ▶ Does the company have any plans to _____ things _____?

> **Words**
> suffer from
> concern about
> continue one's struggle
> turn out
> turn around
> in terms of

C Refer to the Korean and fill in the blanks.

1 ABC 사는 DEF 사와의 합병을 발표했습니다.
  ▶ The ABC Company has announced its _____ _____ the DEF Company.

2 또한 그 회사는 남미에서 사업을 확대하려고 합니다.
  ▶ The company is also looking to _____ its _____ in Latin America.

3 이 인수가 가까운 장래에 시너지를 창출할 것으로 예상하고 있습니다.
  ▶ We are expecting the acquisition to _____ _____ in the near future.

4 이윤을 증가시키기 위해 회사를 구조조정하는 방법에 대해 그가 몇 가지 조언을 했습니다.
  ▶ He gave some advices on how to _____ a company to increase _____.

5 그 회사가 작은 전화 운송업체들을 인수하는 게 허가될 경우에는 독점회사가 될 것입니다.
  ▶ The company will become a _____ if it's allowed to _____ _____ the smaller phone carrier.

51.mp3

A In business news, iBooks has announced a reduction in its quarterly profits estimates.

B What's the problem?

A In fact, ¹**iBooks continues its struggle to** make a profit. ²**It's** already **suffering from** slim profit margins in the book selling industry and from increased competition from online bookstores.

B That's too bad. Do they have any plans to turn things around?

A The CFO said customer incentive ³**programs are being promoted in a move to** increase revenue.

B Are their efforts paying off?

A Unfortunately, customers haven't shown much interest in them.

Pattern Training

1   **iBooks continues its struggle to** [_____]. ~하는 데 어려움을 겪고 있습니다.

① increase its preferred stock price by 50%
② negotiate with retail stores
③ avoid the price-based competition of a perfectly competitive market

▶ 우선주의 주가를 50%까지 끌어올리는 데 / 소매상들과 협상하는 데 / 완전 경쟁시장에서 가격 경쟁을 피하는 데

2   **It's suffering from** [_____].

~로 고전하고 있습니다.

① a sales deficit
② the reduced units sales of its T-shirts
③ the tough competition with new start-up companies

▶ 매출 적자로 / 티셔츠 판매수량의 감소로 / 신생회사들과의 치열한 경쟁으로

어려운 시기 표현하기

유사 표현

· **It's having a hard time** dealing with its increasing labor costs.
증가하는 인건비에 대처하는데 어려움을 겪고 있습니다.

· **It's experiencing problems with** its weak brand image.
브랜드 이미지가 약한 것 때문에 고생하고 있습니다.

3   **The programs are being promoted in a move to** [_____].

~하기 위한 일환으로 그 프로그램이 홍보되고 있습니다.

① boost our sales growth
② raise awareness of the company
③ attract customers' attention to our high-end products

▶ 우리의 매출성장을 촉진시키기 위한 / 회사의 인지도를 올리기 위한 / 우리의 최고급 제품으로 고객의 관심을 끌기 위한

Conversation 2 | Discussing a merger 합병 논의하기

52.mp3

A Did you hear the news that KS Telecom [1]**has decided to merge with** TK Telecom?

B Yeah, I heard about it on TV this morning. In fact, KS has been looking to expand its operations in the U.S. before deciding to merge. So KS would be able to generate more money in the U.S. by merging with TK.

A Actually, TK's recently had financial problems, so they're looking to sell their company.

B [2]**There would obviously be a lot of synergy between** the two companies if they merge.

A You said it. And [3]**KS would turn out to be** the number-one company in Korea in terms of sales volume.

B Oh, yeah. But some people are concerned about KS's monopoly in the telecommunications industry.

Pattern Training

1 **They have decided to merge with** [_____]. 그들은 ~와 합병하기로 했습니다.

① the retail chain
② one of their rival companies
③ the nation's third-largest car manufacturer

▶ 그 소매점과 / 경쟁 회사들 중 하나와 / 나라에서 세 번째로 큰 자동차 제조회사와

2 **There would be a lot of synergy between** [_____].
~ 사이에 많은 시너지가 있을 겁니다.

① these two organizations
② the two different finance plans
③ the housing finance sector and the insurance sector

▶ 이 두 조직들 / 서로 다른 두 가지 재정 계획들 / 주택 재정 부문과 보험 부문

3 **KS would turn out to be** [_____]. KS는 결국 ~이 될 것입니다.

① the world's largest oil company
② second to none in the data storage industry
③ a multinational company operating throughout the world

▶ 세계에서 가장 큰 정유회사 / 데이터 저장 산업계에서 최고 / 전 세계적으로 활동하는 다국적 기업

Practice 1 — Let's Speak!

A Make sentences using the given words.

1 HK 사는 낮은 마진으로 고전하고 있습니다. (suffer from / slim margins)

▶ _____

2 당신에게 상황을 호전시킬 계획이 있나요? (turn around / things)

▶ _____

3 OFIS 사는 운영을 구조조정하는 일환으로 120개의 점포를 닫을 예정입니다. (close / in a move / restructure)

▶ _____

4 ZP 자동차는 CM 자동차와 합병을 끝냈나요? (complete / merger with)

▶ _____

B Match the beginnings of the sentences with their endings.

1 What's going on	ⓐ from financial problems.
2 This company is suffering	ⓑ in its yearly profits estimates.
3 Customers haven't shown much interest	ⓒ about its monopoly.
4 We will turn out to be	ⓓ in our new product line.
5 There would be much synergy	ⓔ second to none in this industry.
6 This company continues its struggle	ⓕ with the GHI Company?
7 Some people are concerned	ⓖ between the two companies.
8 It has announced a reduction	ⓗ to make a profit.

+ BIZ TIPs 세계 비즈니스 문화 탐방 · 독일 편

독일은 경제 규모가 유럽에서 1위, 전 세계에서는 4위에 해당하는 비즈니스 강국이다. 한국과는 자동차, 전자제품을 필두로 많은 비즈니스 관계를 맺고 있다. 그들의 비즈니스 문화를 알아보자.

▶ 의사결정 과정이 느린 편이다. 함께 일할 때 인내심이 필요하다.

▶ 비즈니스를 심각한 것으로 생각하기 때문에 유머는 자제하는 것이 좋다.

▶ 프로젝트의 출발 단계에서는 매우 철저하다. 모든 단계를 아주 상세하게 확인하고 점검한다.

▶ 프로세스 또는 일 처리 방법에서의 갑작스런 변화를 반기지 않는다.

▶ 정확한 시간 약속은 독일인과의 비즈니스에서 생명이다.

▶ 회의를 시작하고 끝낼 때마다 악수를 하는 것이 관례다. 악수를 하면서 약간 몸을 구부리는 것이 자연스럽다. 상대방의 눈을 보면서 악수를 하면 된다.

Practice 2 — Listen-up!

A Listen and check true or false.

53.mp3

	True	False
1 There are a few players in the market.		
2 Some companies are slashing their prices.		
3 One of the speakers is proposing an overseas expansion.		
4 The speaker will probably have a meeting next week.		

B Listen and answer the questions.

54.mp3

1 What happened?

▶ The two companies _____

2 What do the speakers think will happen to oil prices?

▶ Oil prices will _____

C Listen to the conversation and fill in the blanks.

55.mp3

A: I heard that Pear Computer is _____ _____ _____ _____ problems.

B: Yeah, I saw the news in a morning newspaper.

A: _____ _____ _____ _____ they've got to do to _____?

B: Well, in my opinion, they have no choice but to _____ _____ _____.

A: I think so, too. Actually, I also heard that Banana Computer is trying to _____ _____ Pear Computer.

B: Really? Are you sure?

A: Yeah. Why are you _____ _____?

B: _____ _____ _____, there is no doubt there will be _____ _____.
   A friend of mine is working at Banana Computer. I hope he can stick around.

예산과 인플레이션

Budgets and Inflation

Vocabulary & Expressions

예산 Budgeting

- **budget allocation** 예산 할당
- **budget amendment** 예산 수정
- **actual expenditure** 실제 지출
- **fiscal year** 회계 연도
- **direct cost** 직접 비용
- **indirect cost** 간접 비용
- **over budget** 예산을 초과한
- **under budget** 예산 이하의
- **overspend** 지정 한도 이상을 쓰다
- **underspend** 지정 한도 이하를 쓰다
- **assign the budget to A** A에 예산을 할당하다
- **increase the budget** 예산을 늘리다(= raise the budget)

물가와 인플레이션 Prices and Inflation

- **economic indicator** 경제 지표
- **inflation rate** 물가 상승률
- **out of work** 실직한(= jobless)
- **unemployment rate** 실업률(= jobless rate)
- **trade balance** 무역 균형
- **trade deficit** 무역 적자

경제 변화

- **inflation** 화폐 가치가 떨어지고 물가가 전반적으로 오르는 현상 (↔ deflation)
- **recession** 경기후퇴, 침체(= depression)
- **stagnation** 불경기
- **be booming** ~가 호황이다 (boom days 호황기)
- **be depressed** ~가 불황이다 (dull season 불황기)

- **gross domestic product (GDP)** 국내총생산
- **consumer price index (CPI)** 소비자 물가지수
- **price freeze** 가격 동결
- **growth rate** 성장률
- **devaluation** 평가 절하(↔ revaluation 평가 절상)
- **slow down inflation** 인플레이션을 둔화시키다
- **stabilize inflation** 인플레이션을 안정시키다
- **accelerate inflation** 인플레이션을 촉진시키다
- **curb inflation** 인플레이션을 억제하다(= restrain)
- **interest rate** 이자율

Useful Expressions

We budgeted 15,000 dollars for the advertising program.
우리는 그 광고 프로그램**의 예산으로** 1만5천 달러를 **책정했습니다.**

It depends on how much we can afford.
그것은 우리가 얼마나 충당할 수 있느냐**에 달렸습니다.**

I fear that inflation will pick up in early 2021.
2021년 초에 인플레이션이 높아질**까봐 두렵습니다.**

The unemployment rate is at an all-time high.
실업률이 **사상 최고입니다.**

He mapped out his plan to stabilize the economy.
그는 경제를 안정화할 계획을 **세부적으로 짰습니다.**

This monetary policy will contribute to economic growth.
이 통화정책은 경제 성장에 **공헌할** 것입니다.

Vocabulary Check-Up

A Match the meanings on the left with the expressions on the right.

1 가격 동결 ·   · ⓐ fiscal year

2 경제 지표 ·   · ⓑ budget allocation

3 회계 연도 ·   · ⓒ out of work

4 성장률 ·   · ⓓ price freeze

5 실직한 ·   · ⓔ economic indicator

6 예산 할당 ·   · ⓕ growth rate

B Complete the sentences using the given words.

1 부실한 경제정책으로 인해 집값이 오르고 있습니다.

   ▶ Housing prices are _____ _____ due to the bad economic policy.

2 그것은 실업률의 안정화에 공헌할 것입니다.

   ▶ It will _____ _____ the stabilization of _____ _____.

3 그들은 국내 생산자들을 보호하기 위해 농업예산을 늘릴 계획입니다.

   ▶ They are _____ _____ increase the _____ of agriculture to protect domestic producers.

4 저희는 10월 한 달 동안 2만 달러를 초과 지출했습니다.

   ▶ We _____ _____ $20,000 during the month of October.

5 주요 요소 중의 하나는 관세의 증가입니다.

   ▶ One of the major factors is the _____ _____ tariffs.

Words

contribute to
plan to
increase in
overspend by
pick up
unemployment rate
budget

C Refer to the Korean and fill in the blanks.

1 소비자 물가지수가 지난 12월 이래로 5.6퍼센트나 급격히 상승했습니다.

   ▶ The _____ has dramatically risen by 5.6 percent since last December.

2 인플레이션을 억제하는 데 가장 효과적인 대책이 무엇이죠?

   ▶ What's the most effective measure to _____ _____?

3 그것은 지난 회계 연도의 같은 기간에 비해 60% 증가한 것입니다.

   ▶ That's a 60% increase over the same period in the last _____ _____.

4 브라질은 인플레이션을 안정화할 의도로 올해 들어 세 번째 이자율을 올렸습니다.

   ▶ Brazil raised interest rates for the third time this year in a bid to _____ _____.

5 2년 연속으로 수출이 수입보다 더 빨리 성장했기 때문에 무역 적자가 줄어들기 시작했습니다.

   ▶ With _____ growing faster than for _____ two consecutive years, the _____ _____ has begun to narrow.

56.mp3

A   [1]**We budgeted** 1 million dollars **for** marketing last year.
But we went over-budget and overspent by $20,000.

B   I suspect the reason might be that we spent too much money on TV ads to promote our new vehicle.

A   Hopefully, we can increase our marketing budget this year.

B   Well, then, what portion of revenue should we devote to advertising?

A   I suppose [2]**it varies according to** the age of the business, its sales volume, and so on. I think it'd be appropriate if it ranged from 25% to 35% of gross profit, depending on how aggressively they're marketing.

B   Okay. Then [3]**please map out** our marketing budget plan based on our sales forecast.

Pattern Training

1   **We budgeted** ⬚⬚⬚⬚⬚ **for** ⬚⬚⬚⬚⬚. …에 ~의 예산을 잡았습니다.

① 25,000 dollars, TV ads
② about 30,000 dollars, research and development
③ 5,000 dollars, the promotion of the brand-new vehicle

▶ 2만 5천 달러를, TV광고에 / 약 3만 달러를, 연구 개발에 / 5천 달러를, 신규 자동차 홍보에

2   **It varies according to** ⬚⬚⬚⬚⬚.

~에 따라 다릅니다.

① their strategic priorities
② how profitable the products are
③ which economic factors we should take into account

▶ 그들의 전략적 우선순위 / 제품이 얼마나 수익성 있는지 / 어떤 경제 요소를 고려해야 하는지

결정을 좌우하는 조건 말하기

유사 표현

- **It varies depending on** whether we can increase our budget.
그것은 우리가 예산을 늘릴 수 있는지 없는**지에 따라 다릅니다.**

- **The methods of** establishing an advertising budget **are many and various.**
광고예산을 세우는 **방법은 많고 다양합니다.**

3   **Please map out** ⬚⬚⬚⬚⬚. ~을 세부적으로 짜 주세요.

① our budget plans based on our sales volumes
② our 10-year plan to strengthen employees' health benefits
③ our investment plan in building highly-skilled workforces

▶ 우리의 매출 규모에 근거한 예산 계획 / 직원 건강 혜택을 강화할 10년 계획 / 고도로 숙련된 노동력을 갖추기 위한 투자계획

57.mp3

A I think inflation [1]**is still a major source of concern** for the Russian government. Inflation stands at 5.3% this year, exceeding the official target of 2%.

B I guess that one of the major factors that has pushed up prices is the increase in tariffs. [2]**Another problem is** rising gasoline prices, which [3]**could contribute to** higher inflation.

A What do you think the Russian government must do to control inflation?

B One of the most effective measures to curb inflation, I think, is the Stabilization Fund.

A What do you think about the government's decision to increase oil prices in 2021?

B I fear that could accelerate inflation.

Pattern Training

1 [_____] **is still a major source of concern.**

~이 여전히 가장 큰 걱정거리입니다.

① The rising unemployment rate
② The reduced working population
③ The political instability in Mexico

▶ 실업률의 증가 / 노동 인구의 감소 / 멕시코의 정치적 불안정

우려 표명하기

유사 표현
- **We are concerned about the** unemployed.
  우리는 실직자들을 우려하고 있습니다.
- GDP per person in India **is what worries us most.**
  인도의 1인당 GDP가 우리를 가장 걱정시키는군요.

2 **Another problem is that** [_____]. 또 다른 문제는 ~입니다.

① the economic indicators are not perfect
② the growth rate was around 1.5 percent a year for 5 years
③ the economy is showing signs of slowing down

▶ 경제 지표가 완벽하지는 않다는 것 / 5년간 한 해의 성장률이 약 1.5%였다는 것 / 경제가 둔화되려는 조짐을 보인다는 것

3 **It could contribute to** [_____]. 그것은 ~에 기여할 수 있습니다.

① the global economic crisis
② an economic disaster in Argentina
③ higher deflation that will wipe out the trade deficit from U.S. trade

▶ 전 세계적인 경제 위기 / 아르헨티나의 경제 재앙 / 대미 무역 적자를 해소할 높은 디플레이션

A Match the related sentences.

1 One of the major factors that has raised prices is the government's monetary policy.

2 Is there any good rule of thumb on marketing budgets?

3 What portion of revenue should a company devote to radio advertisements?

4 What do you think we must do to curb inflation?

Answers

ⓐ I think it varies according to the costs of the marketing tactics.

ⓑ Most big corporations spend 3% of their gross sales on radio advertisements.

ⓒ You're right. There should be an amendment in their policy.

ⓓ First of all, we have to control gasoline prices.

B Refer to the Korean and fill in the blanks.

1 2021년 중반쯤이면 엑손의 국제 영업 활동이 매출과 수익에 기여할 것입니다.

▶ Exxon's international operations will   revenue and profitability by mid-2021.

2 우리는 올해에 예산을 초과했어요.

▶ We went   this year.

3 석유 가격의 상승이 여전히 우려의 주요인입니다.

▶ Rising gasoline prices are still a   of   .

4 그것이 디플레이션을 가속화할까봐 두렵습니다.

▶ I fear that could   .

+ BIZ TIPs   회사를 소개하자

비즈니스 파트너에게 회사를 멋지게 소개하는 것도 좋은 영업 방법이다. 이와 관련된 몇 가지 표현을 알아보자.

▶ **업종 알리기**

We've been engaged in exporting computer parts as well as computers. 저희 회사는 컴퓨터뿐만 아니라 컴퓨터 부품 수출에도 관련이 있습니다.

We're dealing with IT products. 저희는 IT 제품을 다룹니다.

▶ **사업 연차 알리기**

Our company has some 25 years' experience in this field. 저희 회사는 이 분야에서 25년의 경험을 갖고 있습니다.

▶ **특장점 알리기**

Our company is noted[renowned] for its superior product quality. 저희 회사는 제품의 질이 탁월한 것으로 정평이 나 있습니다.

A-1 Listen to the conversation and fill in the chart. 58.mp3

The current inflation rate	Last year's inflation rate	The desirable average interest rate

A-2 Listen and answer the questions. 58.mp3

1 Why are meat prices rising?

▶ Because the government _____

2 Do people trust the government?

▶ _____

3 When will the government announce its budget?

▶ _____

B Listen to the conversation and fill in the blanks. 59.mp3

Andrea: _____ _____ _____ _____ this science fiction novel. As you know, this novel is supposed to become a movie next year, so it has _____ _____ to be a blockbuster.

Jane: I think so, too. Do you know _____ _____ _____ _____ _____ _____ for advertising this novel?

Andrea: Yeah, only 25,000 dollars have been budgeted for that.

Jane: Really? Do you think it's enough?

Andrea: Not at all. We are _____ _____ _____ _____. Actually I was on my way to the Finance Department to ask for more.

Jane: _____ _____ _____ _____ _____ the advertising budget for this novel this time.

Andrea: I think they will _____ _____ _____ since they already know how important this book is to our company.

Jane: Good luck, Andrea.

재정 상황 협의하기

Discussing Financial Status

Vocabulary & Expressions

부도 Bankruptcy

- **default** 부채를 상환할 수 없는 상태
- **turnaround** 회생, 흑자 전환
- **debt burden** 부채 부담
- **debt repayment** 부채 상환
- **debt crisis** 부채 위기
- **creditor** 채권자(debtor 채무자)
- **liquidation** 파산, (부채의) 청산
- **bankruptcy protection** 파산 보호
- **bailout** 정부의 긴급 자금에 의한 기업 구제
- **ailing** 재정적으로 어려운(= sick, troubled)
- **cease trading** 주식 시장에서의 거래를 중단하다
- **go into liquidation** 재정이 어려워 매각하다
- **go into administration** 보호신청에 들어가다
- **go bankrupt** 부도나다

재무제표 Financial Statements

- **current asset** 유동 자산
- **fixed asset** 고정 자산
- **depreciation** 감가상각
- **liabilities** 부채(= debt)
- **balance sheet** 대차대조표
- **financial year** 회계 연도(= fiscal year)
- **annual report** 연차 보고서
- **profit and loss point** 손익 분기점
- **pre-tax profit** 세전 수익(= earnings)
- **gross profit** 총수익
- **net profit** 순수익
- **profit margin** 이윤 폭
- **revenue** 수입, 매출
- **annual income** 연간 수입
- **sales** 매출액(= turnover)
- **sales projections** 예상 매출
- **interest rate** 금리, 이율
- **in the red** 적자인(↔ in the black 흑자인)

Useful Expressions

The company is experiencing financial hardship.
그 회사는 경제적 어려움을 겪고 **있습니다.**

The sales dropped for a third straight month in June.
판매량이 6월까지 연속 3개월째 **떨어졌습니다.**

Most of the dotcoms will go bankrupt very fast.
대부분의 인터넷 회사들은 급속도로 **부도가** 날 것입니다.

The company posted a net profit of $23 million.
그 회사는 2천 3백만 달러**의 순수익을** 기록했습니다.

Our market share grew an incredible 235 percent.
우리의 시장점유율이 무려 235퍼센트나 **성장했습니다.**

They expect revenue of about $2.4 billion.
그들은 약 24억 달러**의 수입을** 예상하고 있습니다.

Vocabulary Check-Up

A Match the meanings on the left with the expressions on the right.

1	파산 보호	·	·	ⓐ	annual income
2	부채 위기	·	·	ⓑ	financial hardship
3	재정적 어려움	·	·	ⓒ	financial status
4	고정 자산	·	·	ⓓ	debt crisis
5	재정 상태	·	·	ⓔ	bankruptcy protection
6	연간 수입	·	·	ⓕ	fixed asset

B Complete the sentences using the given words.

1 저희는 그들의 재무성과를 확인하는 것을 기대하고 있습니다.
  ▶ We are _____ _____ _____ seeing their financial performance.

2 4사분기를 바라볼 때, 우리는 25%의 탄탄한 성장을 계속 기대하고 있습니다.
  ▶ _____ _____ to the fourth quarter, we continue to expect
  a solid 25% growth.

3 지난 분기에 우리의 순매출이 1백 2십억 원에 이르렀습니다.
  ▶ Our net sales for the last quarter _____ _____ 12 billion won.

4 그 회사는 부채를 상환할 수 없어서 부도가 났습니다.
  ▶ The company went into liquidation because it was unable to _____ _____ _____.

5 덴마크에서의 강한 성장세가 최근의 재무 실적에 큰 역할을 했습니다.
  ▶ Strong growth in Denmark _____ _____ _____ in the latest financial results.

> **Words**
> look forward to
> look ahead
> play a part
> repay one's debts
> amount to

C Refer to the Korean and fill in the blanks.

1 그 주주회사는 파산보호를 신청했습니다.
  ▶ The holding company filed for _____ _____.

2 2020년도 우리 대차대조표를 검토해 주세요.
  ▶ Please review our _____ _____ for 2020.

3 이자율의 증가는 자금 흐름 방향의 변화를 초래할 것입니다.
  ▶ The rise of _____ _____ will cause a _____ in the direction of monetary flow.

4 우리 회계팀이 작성한 재무보고서를 검토했나요?
  ▶ Did you go over the _____ _____ created by our accounting team?

5 석유 천연자원 회사는 이번 분기에 9%의 순수익을 낼 것으로 예상되고 있습니다.
  ▶ The oil and natural gas corporation is expected to post a _____ _____ of 9% in this quarter.

60.mp3

A GX Construction [1]**filed for bankruptcy protection** in the end. Time magazine said that it was unable to repay an overdue bill worth 2.3 billion won.

B That's too bad. What's happened to the company?

A It has been experiencing financial hardship because the apartments it completed last year have largely remained unsold.

B I see. What's its financial status like?

A [2]**Its sales** for last year **amounted to** 68 billion won, a 35% decrease compared to 2019. Net income also dropped from 670 million won to 120 million won.

B Early this year, several housing companies went bankrupt because of unsold houses.

A Yeah, [3]**it is highly probable that** more companies will go bankrupt.

Pattern Training

1 　┌─────────────┐ **filed for bankruptcy protection.** ~가 파산 보호를 신청했습니다.

① The ailing company

② The financially troubled corporation

③ The construction company based in Paris

▶ 부진을 겪고 있는 그 회사 / 재정적으로 어려운 그 회사 / 파리에 기반을 둔 그 건설회사

2 **Its sales amounted to** ┌─────────────┐. 매출이 ~에 달했습니다.

① €150.9 million

② 101 million dollars according to USA Today

③ 1,150 million dollars during the first three months of 2020

▶ 1억 5천 9십만 유로 / USA 투데이에 따르면 1억 1백만 달러 / 2020년 첫 석 달 동안 11억 5천만 달러

3 **It is highly probable that** ┌─────────────┐.

~할 가능성이 아주 높습니다.

① things would be better if we invested in the niche market

② our management's already reviewed the investment plan

③ China will be one of the strongest nations within 5 years

▶ 우리가 틈새시장에 투자하면 상황이 호전될 / 우리의 경영진이 투자 계획을 이미 검토했을 / 중국이 5년 이내에 가장 강력한 국가들 중 하나가 될

확률이 매우 높을 때

유사 표현

▶ **It is highly likely that** our investment in Indonesia will eventually pay off.

인도네시아에 대한 우리의 투자가 결국 성과를 낼 가능성이 아주 높습니다.

반대 표현

▶ **It is highly unlikely that** there will be a thaw in U.S.-French relations.

미국과 프랑스의 관계가 호전될 가능성은 아주 낮습니다.

61.mp3

A Ace Techno today announced the financial results for the third quarter of this year.

B Finally! Investors were really looking forward to seeing them.

A The company posted a net profit of $61 million. Revenue was $2 billion, up 30 percent from the third quarter of last year.

B Oh, [1]**that's a lot better than** I had thought. How about their international sales?

A Their [2]**international sales accounted for** 43% of the quarter's revenue.

B It was an outstanding quarter.

A Looking ahead to the fourth quarter, they expect revenue of about $2.1 billion.

B I think the continued growth in the music service market [3]**plays a big part in Ace's growth.**

A Absolutely right.

Pattern Training

1 **That's a lot better than** [_____]. ~보다 훨씬 낫습니다.

① last year
② it used to be
③ you might think

▶ 지난해 / 예전 / 당신이 생각한 것

2 **The international sales accounted for** [_____].

해외 매출이 ~을 차지합니다.

① approximately 21% of our net sales
② more than one quarter of their total sales
③ 70% of the company's $3.6 billion total gross sales during 2020

▶ 순매출의 약 21% / 전체 매출 4분의 1 이상 / 2020년 회사 총매출 36억의 70%

account for의 여러 뜻

밝히다, 설명하다

▸ How do you **account for** our company's high staff turnover?
우리 회사의 높은 이직률을 어떻게 설명하실 건가요?

책임을 지다

▸ The CEO alone must **account for** his company's restructuring.
CEO 단독으로 회사의 구조조정을 책임져야 합니다.

3 [_____] **plays a big part in Ace's growth.**

~이 에이스의 성장에 큰 역할을 하고 있습니다.

① Their well-prepared financial plan
② The logistics cost reduction system
③ The increased market share in the car industry

▶ 그들의 잘 준비된 재정 계획 / 물류비용 감소 시스템 / 자동차 산업에서의 증가한 시장점유율

A Complete the following conversations.

1 A: Beach 호텔이 어제 부도난 거 알았어요?

B: That's news to me. What happened?

A: It was suffering from high competition and low tourist interest.

그래서 오늘 아침에 그들은 파산 보호를 신청했어요.

B: I'm deeply concerned about the number of travelers being reduced these days.

2 A: AllStar 그룹이 오늘 재무 실적을 발표했어요.

B: I saw an article on that. I couldn't believe my eyes.

A: Why is that?

B: 그들의 국내 매출은 전체 매출의 겨우 10%만을 차지했더라고요.

B Refer to the hints and fill in the blanks.

financial results	projections	revenue	second quarter
slight decline	play a big part	continued growth	

A: Tomax, Inc. today announced the _____ _____ for the _____ _____ of fiscal 2020.

투맥스가 오늘 2020 회계 연도 2사분기 실적을 발표했습니다.

B: Really? Can you give me a run-down on them?

정말요? 간단하게 요약해서 말해 줄래요?

A: Sure. _____ was $1.5 billion, up 10% from the first quarter.

그러죠. 매출이 1사분기에 비해 10% 성장해서 15억 달러였네요.

B: Oh, that's well ahead of our _____.

와, 우리 예상보다 훨씬 크군요.

A: Yeah, that's the highest quarterly revenue in its history. Looking ahead to the third quarter, they expect revenue of about $1.1 billion, which would be a _____ _____ from the second quarter.

네, 그 회사 역사상 최고의 분기 매출입니다. 3사분기를 예상하자면, 그들은 11억 달러의 매출을 기대하고 있습니다. 2사분기에 비해 약간 감소한 수치죠.

B: I think the _____ _____ in the smart TV market _____ _____ _____ _____ in its growth.

스마트 티비 시장의 지속적인 성장이 그 회사의 성장에 큰 역할을 했다고 봅니다.

Practice 2   Listen-up!

A Listen to the conversation and answer the questions.   62.mp3

1 What are the speakers talking about?

▶

2 How much was the company's net profit?

▶

3 What percentage of the total sales was due to overseas sales?

▶

4 Are the speakers happy with their financial results?

▶

5 What drove the sales growth?

▶

A B C D E

B Listen to the conversation and fill in the blanks.   63.mp3

1 The cosmetics manufacturer began [＿＿＿＿＿＿＿＿＿＿] its assets.

2 The woman doesn't see why they [＿＿＿＿＿＿＿＿＿＿].

3 Somebody [＿＿＿＿＿＿＿] the company for the products containing toxic materials.

C Listen and complete the conversation.   64.mp3

A: Our company _____ for the first half of this year.

B: That's not good. It was $7.7 million for the first half of last year.
_____?

A: They increased to $2.5 million, _____
_____ this year.

B: Wow, _____ of increasing them.

투자 계획 논의하기

Discussing Investment Plans

Vocabulary & Expressions

투자 Investment

- **return on investment (ROI)** 투자 수익률
- **long-term investment** 장기 투자
- **investment proposal** 투자 제안(서)
- **stock investment** 주식 투자
- **mutual fund** 뮤추얼 펀드
- **portfolio** 유가 증권 목록, 투자 자산
- **invest in** ~에 투자하다
- **raise funds** 자금을 조달하다
- **put money in** ~에 돈을 넣다
- **retrieve the investment** 투자금을 회수하다
- **review** 검토하다 (= go through)
- **take ... into account** ~을 고려하다
- **stability** 안정성
- **liquidity** 유동성
- **profitability** 수익성
- **growth potential** 성장 가능성

주식 Stocks and Shares

- **hit the bottom** (주가가) 바닥을 치다
- **hit the ceiling** (주가가) 상한가를 치다
- **plummet** 폭락하다(= plunge, slump, crash)
- **skyrocket** 폭등하다(= soar)
- **rally** 주가가 반등하다
- **issue a share** 주식을 발행하다
- **undervalue** 과소평가하다(↔ overvalue 과대평가하다)
- **optimistic view** 낙관적 전망(↔ pessimistic view 비관적 전망)
- **company listed on the stock market** 상장회사
- **common stock** 일반주
- **blue chips** 우량주
- **preferred stock** 우선주
- **dividend** 배당금
- **bonds** 채권
- **share price** 주가
- **stockholder** 주주(= shareholder)
- **stock exchange** 증권거래소
- **stock market** 주식 시장(= stock exchange / bourse)
- **bullish market** 강세 시장(매수자가 많아 주가지수가 올라가는 상태)
- **bearish market** 약세 시장(매도자가 많아서 주가지수가 내려가는 상태)

Useful Expressions

In my opinion, we should invest in the stock market.
저는 **우리가 주식 시장에 투자해야** 한다고 생각합니다.

That's the only way to make our business profitable.
그것이 우리 사업이 수익을 내는 **유일한 방법이에요.**

That might lead to a stock market crash.
그것은 주식시장의 폭락을 초래할 수 있습니다.

The Japan stock market lost 230 points.
일본 주식 시장은 **230포인트를 잃었습니다.**

The stock market is going to rally in the near future.
조만간 **주식시장이 회복될 겁니다.**

You don't have to worry about the investment plan for the Korean market.
한국 시장에 대한 투자 계획은 **걱정할 필요 없습니다.**

Vocabulary Check-Up

A Match the meanings on the left with the expressions on the right.

1 (주가가) 바닥을 치다   ·   · ⓐ stock exchange

2 주식 시장   ·   · ⓑ economic bubbles

3 비관적인 전망   ·   · ⓒ hit the bottom

4 주주   ·   · ⓓ stock market

5 증권 거래소   ·   · ⓔ pessimistic view

6 경제 거품   ·   · ⓕ stockholder

B Complete the sentences using the given words.

1 그것은 같은 시장에서 두 회사 간의 치열한 경쟁을 초래할 수 있어요.
   ▶ That could _____ _____ fierce competition between the two companies in the same market.

2 한국 시장에 투자하는 방법에 대한 제 제안서를 검토했나요?
   ▶ Did you review my proposal for how to _____ _____ the Korean market?

3 전문가들은 현재 혼란에 빠진 경제환경에 대해 낙관적입니다.
   ▶ Experts are _____ _____ the currently troubled economic environment.

4 그 회사의 주가가 지난 3개월 동안 15.7 퍼센트까지 떨어졌습니다.
   ▶ Its stock price _____ _____ 15.7 percent during the last three months.

5 인도네시아는 세계에서 가장 빠르게 성장하는 자동차 시장입니다.
   ▶ Indonesia is the world's _____ _____ car market.

> **Words**
> optimistic about
> fastest growing
> invest in
> lead to
> fall by

C Refer to the Korean and fill in the blanks.

1 주식시장에 상장된 그 회사는 분기 손실을 발표했고, 그리고 나서 주가도 뚝 떨어졌습니다.
   ▶ The company listed on the _____ _____ reported a quarterly loss, and then its _____ _____ slumped.

2 저는 잠재 시장에 투자할까 생각 중입니다.
   ▶ I'm thinking of an investment in _____ _____.

3 사업에 수익성을 가져다주는 요소들을 고려하셔야 합니다.
   ▶ You have to _____ _____ account the factors that drive _____ in the business.

4 우리의 투자액에 대해 어느 정도의 수익을 기대할 수 있나요?
   ▶ What kind of _____ can we expect on our _____?

5 A&G 사는 미국 시장에 투자하기 위한 자금 조달을 계획 중입니다.
   ▶ The A&G Company is planning to _____ _____ to invest in the U.S. market.

65.mp3

A In my opinion, [1]**you should double** our production capacity in China.

B But that might lead to very acute competition among the automakers in the Chinese market.

A That's the only way to meet increasing customer demands for more cars though.

B Hmm…

A [2]**You also need to think about investing in** R&D facilities and in the auto financing business.

B However, the Chinese government is concerned that the less-competitive players are being phased out because of a small number of giants like us.

A Come on. China is the world's fastest growing car market. What else do you want to invest your money in? [3]**I would like you seriously to review** my investment proposal.

Pattern Training

1 **You should double** _____. ~을 두 배로 늘려야 합니다.

① your investment in building car factories
② the number of managers within 3 years
③ the amount of money available to help pay for the marketing activities

▶ 자동차 공장 건설에 투자 / 3년 이내에 관리자 수 / 마케팅 활동을 돕기 위한 가용 금액

2 **You also need to think about investing in** _____.
~에 투자하는 것도 생각해 볼 필요가 있어요.

① booming Internet firms
② emerging new global markets
③ telecoms and Internet stocks

▶ 붐이 일고 있는 인터넷 회사 / 떠오르는 신규 글로벌 시장 / 텔레콤과 인터넷 주식

3 **I would like you seriously to review** _____.
~을 신중히 검토하시기 바랍니다.

① the investment plan submitted by our R&D team
② the investment plan based on the current market situations
③ their proposal for improving the efficiency of our logistics

▶ 저희 R&D 팀이 제출한 투자 계획을 / 현재 시장 상황에 근거한 투자 계획을 /
우리 물류의 효율성을 개선하기 위한 그들의 제안서를

검토 요청하기

유사 표현

▸ **I would like you to go over** everything he's done.
그가 한 모든 것을 검토해 주세요.

▸ **Please look through** the document I created last week.
지난주에 작성한 문서를 검토해 주세요.

66.mp3

A Did you hear that King Doughnuts plunged 38%?

B Yeah, I heard the news on dailynews.com this morning.

A The stock market slumped again. The jobless rate [1]**is** also **soaring**. The Dow Jones Industrial Average lost nearly 340 points, or around 2.5%. I think [2]**the current market turmoil is similar to** what happened in 1987 when there was an economic bubble.

B On the New York Stock Exchange today, losers beat winners by more than 3 to 1 on a volume of 1.4 billion shares. However, I think the stock market is going to rally for the next several weeks.

A [3]**You are too optimistic about** the current stock market situation.

Pattern Training

1 ┌─────────────┐ **are soaring.** ~이 치솟고 있어요.

① Consumer prices in Hong Kong
② The shares in Virgin Technology
③ Customer complaints about our service

▶ 홍콩의 소비자 물가 / 버진 테크놀로지의 주가 / 우리 서비스에 대한 고객 불만

> **오르고 내리고 변화 말하기**
>
> 유사 표현
> * In 1977, prices and unemployment **were skyrocketing** throughout the world.
> 1977년에 물가와 실업률이 전 세계적으로 **치솟았습니다.**
>
> 반대 표현
> * The company's share price **is plummeting.**
> 그 회사의 주가가 **폭락하고 있어요.**

2 **The current market turmoil is similar to** ┌───────────┐ .

현재의 시장 혼란은 ~과 비슷합니다.

① the one that happened in 1971
② what happened in Japan 30 years ago
③ the Great Depression that we experienced in North America and Europe

▶ 1971년에 발생했던 것 / 30년 전 일본에서 발생했던 것 / 북미와 유럽에서 겪었던 대공황

3 **You are too optimistic about** ┌───────────┐ . 당신은 ~에 대해 너무 낙관적입니다.

① the stock market
② your company's future
③ maintaining our partnership with the company

▶ 주식 시장 / 귀사의 미래 / 그 회사와의 파트너십 유지

Practice 1　Let's Speak!

A　Refer to the words and fill in the blanks.

return on investment	review	economic bubbles	plunge
invest	high-flying stock	investment proposal	rally
production capacity	opinion	overseas factories	money

1　A: I would like you seriously to _____ my _____ _____.

　　B: Well, I'm just concerned about the _____ _____ in China.

　　제 투자 제안을 신중히 검토해 주세요. – 글쎄요, 전 그저 중국의 경제거품이 걱정이 되는군요.

2　A: We are looking to invest in _____ _____.

　　B: You should take into account the _____ _____ _____ before making a decision.

　　저희는 해외 공장에 투자하려고 해요. – 결정하기 전에 투자수익률을 고려하셔야 합니다.

3　A: In my _____, we should double our _____ _____.

　　B: But we have to _____ huge _____.

　　제 생각에 우리는 제품 생산력을 두 배로 늘려야 해요. – 그러면 엄청난 자금을 투자해야 하죠.

4　A: Did you hear that G&C Financial Group's _____-_____ _____ 36%?

　　B: Don't worry about it. It's going to _____ soon.

　　G&C 금융그룹의 고공비행하던 주가가 36% 폭락했다는 소식 들었어요? – 걱정하지 마세요. 곧 반등할 거예요.

B　Complete the following conversatioins in English.

1　A: 저 그 회사의 주식을 500주 샀어요.

　　B: How much is it per share?

　　A: I bought it at $23, and now it's $26.

　　B: That's good. 우량주 중의 하나라고 들었어요.

　　A: That's right. 또한 저는 뮤추얼펀드에도 투자할 계획이에요.

2　A: Indian companies are looking to invest in Turkey.

　　B: Really? But Turkey is not stable politically.

　　A: 하지만 그쪽 인건비가 다른 나라보다 쌉니다.

　　B: Anyway, I don't like their idea.

　　그들은 신중하게 그들의 투자계획을 검토해야 한다고 생각합니다.

A-1   Listen and answer the questions.   67.mp3

1   What areas does Richard think his company should invest in?

▶

2   Why did the company's stock price fall?

▶

A-2   Listen and check true or false.   67.mp3

	True	False
1 They have many competent engineers.		
2 Management has no interest in R&D.		
3 The company's stock plummeted.		

B   Listen to the conversation and fill in the blanks.   68.mp3

A: Are you ___1_____?

B: Of course, I am. The stock market is the place to go to ___2_____.

At least it's better than the lottery. Why are you asking that?

A: Well, ___3_____ what's going on with the stock market.

B: Why?

A: The Standard & Poor's 500 Index fell ___4_____.

B: Don't fret about it. That's how it goes. You are always ___5_____.

A: I'm very serious this time. Did you hear that PH Electronics, one of ___6_____,

_____? Many experts are saying ___7_____

are very similar to ___8_____.

B: Don't take it too seriously. ___9_____ for the next several weeks.

A: ___10_____, Neil.

Mark Cuban
"Billionaire Internet Entrepreneur"

In 1999, during the dot-coms boom, Mark Cuban sold Broadcast.com to Yahoo! for $5.7 billion worth of stock. This made him an instant billionaire.

In 2000, Cuban tried to buy the NBA basketball team the Dallas Mavericks, but it was not for sale. However, Ross Perot, Jr., the former owner, eventually gave in to Cuban because of his persuasiveness and endless passion for the team. In a press release, Perot said, "Mark is a very good negotiator. Mark would not give up, and I think I told him no for about six months. I saw in Mark what this organization needed. I saw his enthusiasm for the game as well as his passion for the Dallas Mavericks. Mark is an avid fan of the Dallas Mavericks, and I felt that is what we needed."

This outspoken billionaire has his own blog at blogmaverick.com, where he speaks freely about basketball, technology, business, and the Internet. Cuban is not hesitant to invest in the Internet, media, and technology industry. He is also the chairman and owner of the high definition television channel HDNet.

닷컴 기업 붐이 일던 1999년, 마크 큐반은 57억 달러에 상당하는 주식을 받고 브로드캐스트닷컴을 야후에 팔았다. 이는 그를 벼락부자로 만들었다.

2000년, 큐반은 미국 프로농구팀인 댈러스 매버릭스를 매수하려고 했지만, 이 팀은 팔려고 내놓은 팀이 아니었다. 그러나 전 구단주였던 로스 페럿 주니어는 결국 큐반의 설득과 팀에 대한 끊임없는 열정에 굴복하고 말았다. 한 기자회견에서 페럿은 "마크는 아주 훌륭한 협상가입니다. 그는 결코 포기하지 않았습니다. 그리고 내가 6개월 동안 끊임없이 '안 된다'라고 말했던 것으로 기억합니다. 나는 마크에게서 이 팀이 필요로 하는 것이 무엇인지를 보았습니다. 게임에 대한 그의 열정, 그리고 댈러스 매버릭스를 향한 정열을 보았죠. 마크는 댈러스 매버릭스의 열렬한 팬이었고, 그것이 우리에게 필요한 것이라고 느꼈습니다."

이 솔직 담백한 백만장자는 BlogMaverick.com에 자신의 블로그를 운영하며, 농구, 기술, 사업, 그리고 인터넷에 대해 자신의 의견을 피력하고 있다. 큐반은 인터넷, 미디어, 그리고 기술 산업에 투자하는 데 주저하지 않는다. 그는 또한 고화질 TV채널인 HDNet의 사장이자 소유주다.

1 instant billionaire 벼락부자

He became an **instant billionaire** by launching his company on the Korea stock market.

그는 한국 주식 시장에 회사를 상장함으로써 벼락부자가 되었다.

2 not for sale 판매용이 아닌 (on sale 할인 중인)

This TV set is **not for sale**. 이 TV는 판매용이 아닙니다.

3 give up 포기하다 (= abandon)

Please don't **give up on** the housing market. South County's housing market may not be as strong as it was, but it appears to be on the rebound.

주택시장을 포기하지 마세요. 사우스카운티 주택시장은 예전만큼 좋지는 않지만, 다시 좋아질 것으로 보입니다.

4 an avid fan of ~의 열렬한 팬

I am **an avid fan of** Richard and his principles.

저는 리처드와 그의 철학의 열렬한 팬입니다.

5 what we need 우리가 필요로 하는 것

He gave us very good feedback about **what we needed** to do to make it successful.

그는 성공하기 위해 우리가 필요로 하는 것에 대한 아주 좋은 답변을 주었다.

6 not be hesitant 주저하지 않다

Luther **was not hesitant** to become a pioneer.

루터는 개척자가 되기를 주저하지 않았다.

Who is Mark Cuban?

1958년 피츠버그에서 자동차 의자 커버 판매원의 아들로 태어난 큐반은 십대 시절부터 가루우유와 쓰레기 봉지를 팔았다. 대학을 졸업한 그는 인터넷을 이용해서 라디오 스포츠 중계를 들을 수 있게 하자는 아이디어로 Broadcast.com이라는 회사를 차렸다. 이 회사를 야후에 넘기면서 받은 57억 달러어치의 주식을 주가가 최고로 상승했을 때 모두 팔아치움으로써 그는 일약 백만장자로 떠올랐다. 2000년에 그는 사람들의 비웃음에도 불구하고 미국 프로농구팀의 약체였던 댈러스 매버릭스를 사들였고, 특유의 저돌적인 방법으로 매버릭스를 최강 팀으로 만들었다.

Mark Cuban says

"Make your product easier to buy than your competition, or you will find your customers buying from them, not you."

경쟁사보다 당신의 제품을 사기 쉽도록 해라. 그렇지 않으면 당신의 고객은 당신이 아니라 경쟁사들로부터 구매할 것이다.

"If you don't follow the stock market, you are missing some amazing drama."

주식시장에 관심이 없다면 정말로 멋진 드라마 한 편을 놓치는 것과 같다.

"All that matters in business is that you get it right once. Then everyone can tell you how lucky you are."

사업에서 가장 중요한 것은 한 번만 제대로 하면 된다는 것이다. 그러면 사람들은 당신을 정말 행운아라고 말할 것이다.

International Business
Business E-mail

Special Part
비즈니스 이메일

제품에 관한 문의

Questions about Products

Subject	Your soon-to-be-released handset ————○ 제목	
From	elephant22@daum.net ————————○ 보내는 사람	
To	cotrain@gmail.com ——————————○ 받는 사람	

69.mp3

Hello, Mark. ————————○ 안면이 있거나 어느 정도 친분이 쌓이면 dear는 쓰지 말자.

I was informed that a new handset would be coming onto the market in January. As a distributor in Sweden, we are keen to distribute it here in Scandinavia.

Before I place an order, I have several question to ask of you. ——○ 비즈니스 이메일은 군더더기 없이 바로 본론으로 들어간다.

First, I would like to see the specifications because I need to check if it can work with our network. How many colors does it come in? Can I get a catalog? I want to know how they look. Lastly, I wonder if I can get a free sample.

Cheers,
Howard Cha ————————○ 보내는 사람의 이름, 직책, 연락처 등 개인 정보를 첨부하자.

제목: 곧 출시될 휴대기기
안녕하세요, 마크.
신형 휴대기기가 1월에 출시된다고 들었습니다. 스웨덴의 유통업자로서, 저희가 여기 스칸디나비아에서 그 제품을 유통시키고자 합니다. 주문을 하기 전에 몇 가지 질문이 있습니다. 우선, 기기가 우리 네트워크에서 작동할 수 있는지를 확인하기 위해 사양을 봤으면 합니다. 몇 가지 색상으로 나오나요? 카탈로그를 하나 받을 수 있을까요? 어떻게 생겼는지 보고 싶습니다. 마지막으로, 무료 샘플을 하나 받을 수 있는지 궁금합니다.

하워드 차

Vocabulary & Expressions

I was informed that ~라고 들었습니다 이미 알고 있는 정보를 밝힐 때 쓴다.

> **I was informed that** design-wise your new product is poor.
> ▶ 당신의 신제품이 디자인 면에서 형편없다고 들었습니다.

We are keen to ~를 하고 싶습니다 to 다음에는 동사원형을 쓰고, on을 쓸 경우에는 동명사를 쓴다.

We are keen to sell your products in the German market.

▶ 저희는 독일 시장에서 귀사의 제품들을 팔고 싶습니다.

We are keen on develop**ing** a product that suits your particular needs.

▶ 귀사의 특별한 요구에 맞는 제품을 개발하고 싶습니다.

I need to check if ~인지를 확인할 필요가 있습니다 여기서 if는 '~라면'이라는 가정의 뜻이 아니라 '~인지 아닌지'의 의미다.

I need to check if the product passed the vibration test.

▶ 그 제품이 진동 시험을 통과했는지를 확인할 필요가 있습니다.

I wonder if ~인지 궁금합니다 시기나 방법 등이 궁금할 때는 의문사를 써서 I wonder when/how 같은 문형으로 응용할 수 있다.

I wonder if you can send a sample free of charge.

▶ 샘플을 무상으로 보내 주실 수 있는지 궁금합니다.

Vocabulary Check-Up

A Fill in the blanks with the appropriate expressions.

1 지난주에 출시된 제품이 많은 문제점을 가지고 있다고 들었습니다.

▶ I was _____ _____ the product _____ _____ _____ has lots of problems.

2 제품 개발이 제때에 예산 내에서 끝날지 궁금합니다.

▶ I _____ ____ the product development will be done ____ _____ and _____ _____ _____.

3 그 제품에 광고 자료를 받기 위한 인터넷 기능이 있는지 확인해 봐야만 합니다.

▶ I _____ ____ _____ ____ the product has an _____ _____ for receiving advertisement data.

4 저희는 가능한 빨리 그 새 치약 샘플을 받고 싶습니다.

▶ We are _____ _____ receive a sample of the new toothpaste _____ _____ _____ possible.

5 그 로션 병이 어떻게 생겼는지 알고 싶어요.

▶ I want to know _____ the bottle of lotion _____.

B Make sentences using the given words.

1 파리 지사는 올해의 신제품들을 유통시키고자 세워졌습니다. (distribute)

▶

2 새로 개발된 프로그램은 기존 네트워크에서 잘 작동합니다. (work with)

▶

3 저는 무역박람회에서 귀하가 소개했던 제품의 사양을 알고 싶습니다. (specifications)

▶

4 업그레이드된 Y컴퓨터가 이달 말에 시장에 나올 겁니다. (come onto the market)

▶

Actual Sample

1 "제품 사양이 첨부되었습니다" [사양 요구에 대해 답변할 때]

▶ 보통 중요한 정보를 담은 자료들은 이메일에 첨부한다.

Please find the attached file. These specifications are highly confidential. Please do not distribute it to anybody else without our permission.

첨부한 파일을 참조하세요. 이 사양들은 아주 극비사항입니다. 저희의 허가 없이는 어떤 사람에게도 배포하지 말아 주십시오.

2 "제품의 색상은 다음과 같습니다" [색상을 설명할 때]

▶ come in이라는 표현을 잘 사용해 보자.

Our new product **comes in** two different colors, black and white. However, a pink one will be available starting next month. If you are interested in it, you can look it up on our website.

저희 신제품은 검은색과 흰색, 두 가지 색상으로 **나옵니다.** 그러나 다음 달부터는 분홍색이 구매 가능합니다. 관심이 있으시면 저희 웹사이트를 참조하세요.

3 "카탈로그가 바닥났습니다" [물품 보유 상황을 알릴 때]

▶ 상대방이 원하는 것이 있을 때와 없을 때의 표현 방법을 알아두자.

We have run out of catalogs at the moment. Please wait till next week.
We have 100 brochures of the product now. How many copies do you need?

현재 카탈로그가 **바닥이 났습니다.** 다음 주까지 기다려 주세요.
현재 그 제품의 브로셔가 100부 **있습니다.** 몇 부나 필요하세요?

4 "샘플은 유료입니다" [무료가 아님을 알릴 때]

▶ 보통 샘플은 무료로 주는 것이 관례지만 가격이 상당한 것은 그럴 수 없다. 그럴 때는 대금을 당당히 요구하자.

I am sorry to say this, but the sample product is **not free.** However, you can buy it for half the retail price.

이런 말씀을 드려 죄송하지만 이 샘플 제품은 **무료가 아닙니다.** 그렇지만 소매가격의 절반에 구입하실 수 있습니다.

Pattern Practice

1 ~에 관한 첨부 파일을 참조하세요.
Please find the attached file about _____.

① 마케팅 계획   the marketing plan

② 제품 출시 계획   the product launching plan

③ 저희의 제품 포트폴리오   our product portfolio

2 이 제품은 ~로 나옵니다.
This product comes in _____.

① 흰색과 금색 두 가지 색상으로   two colors, white and gold

② 개와 고양이 모두에 쓸 수 있는
6온스와 12온스 그릇으로   6-ounce and 12-ounce containers
for use on both dogs and cats

③ 미디엄, 라지, X라지, XX라지,
그리고 XXX라지 사이즈로도   sizes of medium, large, X-large,
XX-large, and even XXX-large

3 ~이 바닥났습니다.
We have run out of _____.

① 그 사이즈가   that size

② 포스터가 바닥났고
더 이상 인쇄하지 않을 겁니다   all the posters and
will not be printing any more

③ 재고가 바닥이 나서
내일 귀하의 주문품을 보낼 수가 없습니다   stock and can't dispatch
your order tomorrow

4 ~은 무료가 아닙니다.
_____ is not free (of charge).

① 우리의 인터넷 기반 서비스는   Our Internet-based service

② 그러나 버전 10.0으로 업데이트는   However, the update to version 10.0

③ 이 로고의 상업적인 사용은   The commercial use of this logo

Writing Exercise

A Complete the sentences using the given words.

1 우리의 신형 장비는 20기가, 60기가, 그리고 100기가 크기로 나옵니다.(new equipment / come in / size)

▶ _____ 20GB, 60GB, and 100GB.

2 고객님은 우수고객이므로 이 제품을 소매가격의 반값에 구매할 수 있습니다.(for half the retail price / loyal)

▶ You can buy _____ ,

because _____ .

3 이 상품에 결점이 없는지 확인해야겠습니다.(check / this merchandise / free / defects)

▶ I need to _____ .

4 제품번호 123은 재고가 바닥나서 10월 말까지 이용 불가인 점을 알려드리게 되어 죄송합니다.
(run out of stock / not available / until)

▶ We're sorry to _____

_____ .

5 며칠 전에 아만다가 제안했던 제품 디자인에 관한 파일을 참조하세요.(attached file / product design)

▶ Please _____

that Amanda proposed a few days ago.

6 저는 주문량과 스타일에 따라서 가격이 다르다고 알고 있습니다.(vary / inform / according to)

▶ _____

quantity ordered and style.

7 저희 회사는 GF모터스와 협력하여 제품을 개발하고 싶습니다.(keen on / develop / partnering)

▶ Our company _____

with GF Motors.

8 저는 저희 웹사이트가 언제 TV에 광고가 나갈지 궁금합니다.(wonder / when / advertise / on TV)

▶ _____ our website _____ .

Refer to the Korean and complete the emails.

1 당신이 요청한 샘플 제품은 무료가 아닙니다. 유감스럽게도 저희는 대금을 부과해야 합니다. 그러나 항공편으로 보내는 선적비용은
   저희가 부담하겠습니다. 그래도 샘플을 원하시는지 알려 주세요.

_____ .

Unfortunately, we have to charge you for it. _____ .

Please let me know if you still want it.

---

2 세부정보는 첨부한 파일을 참조하세요. 어떤 칩셋을 쓸지는 저희가 아직 결정을 안 했기 때문에 귀하의 질문에 답변해 드리기가
   어렵습니다. 저희 허가 없이 파일을 배포하지 말아 주십시오.

_____ .

It is difficult to answer your questions because we haven't decided which chipset to go for.

_____ .

---

3 저희의 가격은 귀하의 요구조건에 맞는 패키지에 따라, 그리고 여행하는 거리에 따라 다릅니다. 혹시 질문이 더 있으시면
   www.travelaround.com를 통해 저희에게 연락 주십시오.

Our prices vary according to the package appropriate to your requirements and the distance traveled.

_____

_____ .

+ TRY! 자유롭게 이메일을 써 보세요.

> 무역박람회에서(trade show) 본 X 컴퓨터 사의 새 모델이 마음에 들어서 자국에 유통시키는 데 관심이 있다는 이메일을 보내려고 한다.
> 주문을 하기 전에, 정확한 사양과(specifications) 새로 추가된 기능(added functions), 불량률(defect rate) 등 구체적인 사항들이
> 궁금하다. 더불어, 상세 정보를 담은 카탈로그와 견본 제품을 받아보고자 한다.

■ 정답은 없습니다.

Subject	ct PO102 ──────────○ 주문서 번호
From	luna1001@daum.net
To	cotrain@gmail.com

70.mp3

Hello, mark.

I just faxed our purchase order numbered PO102. Please make sure that you get it. I have one question for you. I hear that the model no. NHN-450 TV enters into MP in June. We are planning to place an initial order of 1,000 units. However, its price must be below $300, or else we can't compete with other brands. Please let me know your price ASAP. Also, please let me know your bank account number and the name of the bank for the future wire transfer.

Cheers,
Kim Jisun

제목: PO102
안녕하세요, 마크.
방금 주문번호 PO102의 구매 주문서를 팩스로 보냈습니다. 받았는지 확인 부탁합니다. 질문이 하나 있습니다. 모델 번호가 NHN-450인 TV가 6월에 양산에 들어간다고 들었습니다. 저희는 1,000대의 최초 주문을 계획하고 있습니다. 그러나 가격은 미화로 300달러 미만이어야 합니다. 그렇지 않으면 타 브랜드와 경쟁이 안 됩니다. 가격을 가능한 빨리 알려 주세요. 또한, 앞으로의 송금을 위해서 귀사의 은행계좌와 은행명을 알려 주세요.
김지선

Vocabulary & Expressions

Please make sure that ~을 확인해 주세요 상대방으로부터 확인을 요청하고자 할 때 쓰는 전형적인 표현

Please make sure you sent the invoice.
▶ 귀하가 송장을 보냈는지 확인해 주세요.

enter into mass production (MP) 양산에 들어가다

Moreover, the new LCD panel will **enter into mass production** in the first half of 2023.

▶ 더욱이 그 LCD 패널 신제품은 2023년 상반기에 양산에 들어갈 겁니다.

be planning to ~할 계획이다

They **are planning to** relaunch their website with a new design at the same domain name.

▶ 그들은 같은 도메인 주소에서 새로운 디자인으로 웹사이트를 다시 열 계획입니다.

유사 표현 be scheduled to ~할 예정이다

must be below ~이하여야 한다 가격의 최고한도를 정할 때 쓰기 좋은 강경한 표현이다.

Your price **must be below** the current market price.

▶ 귀사의 가격은 현재의 시장 가격 이하여야 합니다.

반대 표현 must be above ~이상이어야 한다

compete with ~와 경쟁하다

We should **compete with** our rivals by increasing the efficiency in our resource utilization.

▶ 우리는 자원 활용의 효율성을 증가시킴으로써 경쟁사들과 경쟁해야 합니다.

Vocabulary Check-Up

A Fill in the blanks with the appropriate expressions.

1 구매 주문서를 팩스로 보내 주세요.

▶ Please fax _____ _____ _____.

2 저희는 1,000대를 주문하고자 합니다.

▶ We would like to _____ _____ _____ for 1,000 units.

3 가격은 100달러 미만이어야 합니다.

▶ The price _____ _____ _____ $100.

4 구매 주문서를 받았는지 확인해 주세요.

▶ Please _____ _____ _____ you got the PO.

B Make sentences using the given words.

1 저는 귀사에서 신제품을 디자인 중이라고 들었습니다. (design / brand-new)

▶

2 저에게 가능한 빨리 가격을 알려 주세요. (ASAP)

▶

3 우리가 CK인터내셔널과 경쟁하려면 그 가격을 낮춰야만 합니다. (compete with)

▶

4 그 디지털 카메라는 8월에 양산에 들어갑니다. (enter into MP)

▶

Actual Sample

1 "주문을 취소해 주세요" [주문을 취소할 때]

▶ 판매자가 납기를 어겨서 주문 신청한 물품을 못 받거나 구매자에게 뜻하지 않은 문제가 생긴 경우, 판매업자에게 주문을 취소하는 요청을 해야 한다.

> You haven't even produced our order yet. We ordered it two month ago. This is not acceptable. Please stop shipment and **cancel our order**.

당신은 우리의 주문품을 아직 생산조차 하지 않았습니다. 저희는 두 달 전에 주문했고요. 이건 받아들일 수 없습니다. 선적을 중지하고 주문을 **취소해 주세요.**

2 "주문을 변경해 주세요" [주문 내용을 변경할 때]

▶ 상황에 따라 주문 내용이 빈번히 바뀔 수 있다. 그럴 때 사용할 수 있는 표현을 익혀두자.

> Since our order has not yet been placed at the factory, **we would like to change our order to a 2020 Ford Escape with the premium package and a sunroof.**

저희의 주문품이 아직 공장에서 생산되지 않은 상태이므로, 프리미엄 패키지와 선루프를 탑재한 2020년형 포드 이스케이프 한 대로 **주문을 변경하고자 합니다.**

3 "선적 정보를 통보 바랍니다" [주문품이 언제 떠나고 언제 도착하는지 등을 알고 싶을 때]

▶ 해외 무역에서 선적 일정은 반드시 확인해 두어야 한다. 그에 따라 선적 서류(shipping documents) 및 통관을(customs clearance) 준비해야 하기 때문이다.

> **Please let me know when the order is leaving the factory and arriving at our shop.** Also, be sure to fax the shipping documents so that we can clear U.S. customs without a problem.

주문이 언제 공장을 출발해서 우리 상점에 도착하는지 알려 주세요. 또, 문제없이 미국 세관을 통과하도록 선적서류도 팩스로 확실히 넣어 주세요.

4 "어떻게 지불할까요?" [물품 값을 지불할 때]

▶ 국제 무역에서 대금을 지불하는 방법은 외상거래(open account), 온라인 송금(wire transfer), 신용장 거래(letter of credit) 등이 있다.

> **Which payment method can you accept?** We prefer an open account that comes with the terms of Net 60. However, if it is not acceptable, we are willing to wire-transfer the money to your bank account.

어떤 방법으로 지불할까요? 저희는 60일 외상거래를 선호합니다. 하지만 그게 안 된다면, 귀사의 은행계좌로 송금해 드리겠습니다.

Pattern Practice

1 ~을 취소해 주세요.

Please cancel _____.

① 저희가 귀사에 했던 주문을   the order we placed with you

② 배송을 취소하거나 연기해 주세요   the delivery or postpone it

③ 우리 계약서에 명시된 조건에 따라서   the order of the delayed product
    지연된 제품의 주문을   in accordance with the terms explained in our contract

2 저희는 ~할 계획입니다.

We are planning to _____.

① 브로셔 1,000부를 주문할   place an order for 1,000 brochures

② 그 전시회에서 저희의 신형 미니밴을 전시할   showcase our new minivan at the show

③ 귀하의 주문에 관한 선적 정보를 이메일로 보낼   email you the shipping information on your order

3 ~을 온라인으로 송금했습니다.

We wire-transferred _____.

① 7월 말에 약 6천 캐나다 달러를   about 6,000 Canadian dollars at the end of July

② 미리 미디어 DVD 플레이어 대금을   the payment in advance for the Media DVD player

③ 2주 전에 저희 미국은행에서   the full amount from our U.S. bank to
    해피투어리스트스의 은행계좌로 전액을   the Happytourist's bank account two weeks ago

4 주문을 ~으로 변경하고 싶습니다.

We would like to change our order to _____.

① 저희에게 어울리는 것으로   something that suits us

② CD롬 대신에 CD로   CDs instead of CD-ROMs

③ 2천 파운드로   2,000 pounds

Writing Exercise

A Complete the sentences using the given words.

1 신제품 음료의 선적일을 앞당겨야 합니다.(bring forward / shipping date)

▶ We should _____.

2 저희는 노트북 500대를 내일 주문할 예정입니다.(be scheduled to / place an order for)

▶ We _____.

3 가능한 빨리 송장을 팩스로 보내 주세요. 그래야 저희가 신용장을 열 수 있습니다.(the invoice / ASAP / open)

▶ Please _____

so that _____.

4 잦은 변경은 생산 일정을 늦추고 완성품에서 실수를 초래할 수 있습니다.(delay / lead to / errors)

▶ _____

and can _____ final product.

5 FB 사가 처음으로 독자적으로 개발한 세단 엔진이 이번 달 대량 생산에 들어갈 것입니다.(independently / enter into)

▶ _____ sedan engine will

_____.

6 그 제품의 가격을 340달러 미만으로 유지해 주세요.(keep / below)

▶ I want you _____.

7 우리는 e-Mart의 새로운 서비스와 경쟁해야 합니다.(compete with)

▶ We must _____.

8 귀사가 주문량을 늘리면, 더 나은 가격을 제공해 드릴 준비가 되어 있습니다.(offer / a better price / increase)

▶ We'd be prepared to _____

_____.

B Refer to the Korean and complete the emails.

1 저희 제품이 당신네 공장에서 출발했는데도 저희는 아직 선적서류를 받지 못했습니다. 그것 없이는 세관을 통과할 수가 없습니다. 가능한 빨리 팩스 또는 이메일로 보내 주세요. 도와주시면 감사하겠습니다.

> We haven't received the shipping documents even though our products have already left your factory. _____ without them. Please fax or _____. Your help would really be appreciated.

2 질문이 하나 있습니다. 새 모델인 GHO-456이 6월에 대량 생산에 들어간다고 들었습니다. 그 제품의 예상 가격을 알려 주세요. 여기 브라질의 시장 상황을 고려할 때, 우리는 가격을 미화 670달러 미만으로 유지해야 합니다.

> I have a question for you. I was informed that the new model GHO-456 will _____ _____. Please let me know its ballpark price. Considering the market situation here in Italy, _____ $670.

3 저희는 현재 이 가격들로는 저희의 경쟁사들과 경쟁할 수 없습니다. 가격 전쟁에서 살아남을 수 있도록 가격을 낮추는 것을 고려해 주세요.

> _____ with these current prices. Please _____ so that we can survive the price war.

+TRY! 자유롭게 이메일을 써 보세요.

> 디지털 카메라 DC-201를 1,000대 주문하려고 한다. 제품이 다음 주까지 필요하므로 긴급하게 항공으로 선적을 요청해야 한다. 그래야 제품을 제때에 고객에게 팔 수 있다. 주문서를 넣기 위해 필요한 팩스번호와 선적 가능 날짜도 물어보아야 한다.

■ 정답은 없습니다.

대금 청구하기

Invoicing

Subject	Invoice Number 2014
From	abcompany@daum.net
To	cotrain@gmail.com

71.mp3

Hi, mark.

Please find the attached invoice for your Webhosting and Domain Name Renewal/Registration.

Invoice No. SC2080305

Invoice Amount 610 GBP

Payment Due Date 04/03/20 —————————→ 유럽은 일, 월, 연도 순으로 기재한다.

Your payment was due on 04/03/20. However, we didn't receive your payment until today. A prompt payment will clear this up immediately. I expect your payment by March 07, 2020. That is 2 days from today. A check is fine if that is the most convenient payment method for you.

We would at this time like to thank you for your continued business with Portege Communications UK Limited.

Regards,
Lee Minsu

제목: 송장 번호 2014
안녕하세요, 마크.
귀하의 웹호스팅과 도메인명 갱신 및 등록을 위한 송장을 첨부합니다.
송장 번호: SC2080305
송장 금액: 610파운드
납기일: 2020년 3월 4일
당신의 지불 기일은 20년 3월 4일이였습니다. 그러나 오늘까지도 저희는 대금을 받지 못했습니다. 신속히 지불하시면 이 상황은 즉시 마무리될 것입니다. 2020년 3월 7일까지 납부 바랍니다. 오늘부터 2일 남았습니다. 수표가 편하시다면 그것도 괜찮습니다.
포르테제 커뮤니케이션 UK와의 지속적인 거래에 이번 기회를 빌어 감사드립니다.
이민수

Vocabulary & Expressions

due 지불 기일이 된 받아야 할 돈 또는 주어야 할 돈의 납기를 말할 때 사용하는 표현

> While the payment is **due** on the fifth day of each month, lenders allow borrowers a "grace period."
>
> ▶ 지불 기일은 매달 5일이지만, 임대업자들은 세입자들에게 '구제 기간'을 준다.
>
> 파생 표현 overdue 지불 기한이 지난
>
> The workers have joined a strike aimed at forcing their company to pay **overdue** salaries.
>
> ▶ 근로자들은 회사가 밀린 봉급을 지불하도록 하기 위해 파업에 가담했다.

expect payment by ~까지 납부할 거라 기대하다 상대방에게 대금 지불을 독촉할 때 사용한다.

> We **expect your payment by** the 25th of next month.
>
> ▶ 다음 달 25일까지 납부하시길 바랍니다.

clear up ~을 해소하다, 없애다 목적어 자리에는 문제, 잔액 등이 온다.

> You will be contacted to **clear up** the remaining balance.
>
> ▶ 귀하는 남아 있는 잔금을 처리해 달라는 연락을 받게 될 것입니다.

Vocabulary Check-Up

A Fill in the blanks with the appropriate expressions.

1 귀하는 즉시 나머지 부채를 상환해야 합니다.

> ▶ You must promptly _____ _____ the balance of the debt.

2 첫 번째 납부는 등록일로부터 30일 후입니다.

> ▶ The first payment _____ _____ _____ _____ the date of enrollment.

3 2021년 3월 23일까지 대금을 납부하시기 바랍니다.

> ▶ We _____ _____ _____ by March 23, 2021.

4 만일 15일이 주말이라면, 전화 요금의 지불일은 그 다음 월요일입니다.

> ▶ If the 15th of the month is on a weekend, your phone bill is _____ on _____ _____ _____.

B Make sentences using the given words.

1 저희가 공휴일을 제외한 10일 안에 대금을 받지 못하면, 귀하의 스폰서 링크는 삭제될 것입니다. (receive / business day / remove)

> ▶

2 귀하에게 그게 가장 편리한 방법이라면, 온라인 송금도 괜찮습니다. (wire transfer / convenient / method)

> ▶

3 저희와의 지속적인 거래에 감사드립니다! (continued business)

> ▶

Actual Sample

1 "지불 일정을 알려 주세요" [지불 일정을 확인할 때]

▶ 상대방에게 언제까지 돈을 보내라고 단도직입적으로 말하는 것보다 상대방의 지급 일정을 물어보는 것이 훨씬 부드러운 비즈니스 매너다.

> Please pay within 48 hours of purchase, or **let me know your payment schedule**. The item will be shipped within 5 business days after the full payment has been received.

구매 후 48시간 이내에 지불해 주시거나, **지급 일정을 통보해 주시기 바랍니다.** 물품은 완납이 이루어진 후 5일 안에 선적될 것입니다.

2 "대금은 어디로 청구해야 하나요?" [청구지를 알고자 할 때]

▶ 대금을 청구하는 주소는 billing address라고 하고, 제품을 보내는 주소는 shipping address라고 한다.

> **We need to know your billing address and your telephone number.** We gather this information to allow us to process your order.

당신의 대금 청구 주소와 전화번호를 알아야 합니다. 당신의 주문을 처리하기 위해 이 정보를 모으고 있습니다.

3 "송장 내용이 잘못되었습니다" [잘못된 정보를 정정할 때]

▶ 송장 내용 중 가장 많이 실수가 발생하는 부분 중 하나가 청구액이다. 잘못된 부분을 알리고 정정하자.

> The total amount due on the invoice **was miscalculated**. We will resend a revised invoice to you after correcting it. We are sorry for the inconvenience.

송장에 총 청구금액이 **잘못 계산되었습니다.** 금액을 고친 후에 수정된 송장을 다시 보내겠습니다. 불편을 끼쳐 죄송합니다.

4 "대금 결제는 할부로 해도 됩니다" [지불 방법을 설명할 때]

▶ 지불하는 방법에는 일시불도(lump-sum payment / full payment) 있고 할부도(installments) 있다.

> If you want to **pay in installments**, you should pay an extra charge of €10.50. This amount is added to the amount of the first installment payment.

할부로 지불하시기를 원하신다면, 10.50유로를 추가로 지불하셔야 합니다. 이 금액은 첫 번째 할부 납입액에 추가됩니다.

Pattern Practice

1 당신의 지불 기일이 ~였습니다.

Your payment was due _____ .

① 10월 7일 일요일   Sunday, October 07

② 7월 1일   on the 1st of July

③ 12월 초   at the beginning of December

2 ~로 지불해 주세요.

Please make a payment by _____ .

① 온라인 송금   wire transfer

② 수표   check

③ 저희의 보안 서버를 사용하는 신용카드   credit card using our secure server

3 ~까지 납부를 기대합니다.

We expect your payment by _____ .

① 송장에 나와 있는 납기일까지   the invoice due date

② 다음 주 수요일인 12월 14일까지   Wednesday next week, the 14th day of December

③ 당신의 제품이 선적되는 7월 25일까지   July 25, when your products are shipped out

4 ~까지 …일 남았습니다.

There are _____ days left before _____ .

① 5일 / 당신의 지급 납기일   five / your payment due date

② 공휴일을 제외하고 7일 /   seven business /
   당신이 온라인상으로 지불   you make a payment online

③ 업무일만 따져서 10일 /   ten working /
   당신이 저희 송장 원본을 받기   you receive our original invoice

Writing Exercise

A Complete the sentences using the given words.

1 납기일은 내일부터 일주일 후입니다.(due date / a week)

▶ _____ .

2 만일 귀하의 대금 지불이 6주 이상 이루어지지 않으면 아무런 통보 없이 귀하의 계좌는 정지될 것입니다.(overdue / suspend)

▶ If _____ ,

then your account may _____ .

3 구매 후 72시간 안에 대금을 지불해 주세요. 또는 상세한 대금 지급 일정을 저에게 알려 주세요.(make a payment / within / schedule)

▶ _____ ,

or let me _____ .

4 송장 상의 지급 총액이 잘못 계산되었습니다.(total amount / due / miscalculate)

▶ _____ .

5 선적 할인을 받으시려면, 오늘부터 7일 안에 일시불로 대금을 지불하셔야 합니다.(receive / lump-sum payment)

▶ To _____ , you must _____

_____ .

6 그 상품은 대금이 완납된 후 공휴일을 제외한 7일 이내에 선적될 것입니다.(merchandise / ship / full payment)

▶ _____

_____ has been received.

7 귀하에게 우편환이 가장 편한 방법이라면 그것도 좋습니다.(money order / convenient)

▶ _____ .

8 제가 지난 번 이메일에 송장 사본을 보내드렸으므로 6월 23일까지 납입을 바랍니다.(a copy of the invoice / expect / by)

▶ Since _____

_____

B Refer to the Korean and complete the emails.

1 납기일이 지났음을 알려 드리고자 합니다. 어제 저희는 '기한 초과'라는 도장이 찍힌 송장 복사본을 보냈습니다. 부디 저희에게 지급 일정을 알려 주시기를 바랍니다.

This is a friendly reminder that _____.
Yesterday, we _____ with "past due" stamped on it. Please kindly let us
know your payment schedule.

2 이 송장은 PDF 형태로 되어 있습니다. 송장을 보려면 첨부 파일을 더블클릭하세요. 또한 기록을 위해서 복사본을 출력할 수도 있습니다.

This invoice is in PDF electronic format. _____ the attached file to view the invoice.
You can also _____ for your records.

3 송장에 나온 금액은 5일 안에 귀하의 신용카드로부터 차감될 것입니다. 수표는 보내지 마세요. 대금 지급과 관련해 질문이 있으면 미국동부시간으로 오전 10시부터 오후 4시, 월요일부터 금요일까지(공휴일 제외) 1–800–320–1316번 대금처리부서로 전화 주세요.

The amount on the invoice _____ in the next 5 days.
Please do NOT send us a check. _____,
please call our billing department at 1-800-320-1316 Monday through Friday(except holidays) 10
a.m. to 4 p.m. EST.

+ TRY! 자유롭게 이메일을 써 보세요.

A 사에게서 디지털 카메라 500대분의 대금을 못 받았다. 따라서 A 사 회계 담당자인 Ms. Frizzle에게 대금 청구를 요구한다. 이미 납기일에서 30일이 지났다. 다음 주까지 입금을 요청하자.

■ 정답은 없습니다.

불만사항 처리하기

Handling Complaints

Subject	Terrible Service
From	luna1001@daum.net
To	cotrain@gmail.com

72.mp3

Dear Sir,

You issued a tracking number but never shipped the product. I contacted the customer service representative and was told it would be shipped shortly. Everytime I contacted someone, I was told this would happen in a few days. Finally, I asked for a refund, which was given immediately. You should not indicate that you have the merchandise on hand if you don't.

Also, your phone system is terrible. Most of the time when I call, I am told that all salespeople are attending to other customers and that I should email them or call later. I am not given the option of being placed on hold.

Kim Jisun

제목: 불쾌한 서비스
담당자 께
귀사는 제품추적번호는 발행했지만 제품을 보내지는 않았습니다. 고객서비스센터 담당자에게 연락했더니 곧 선적된다고 하더군요. 누군가에게 연락할 때마다 며칠 안에 보낼 것이라고 했습니다. 결국 환불을 요구했고 즉시 받았습니다. 제품이 수중에 없는데 있다고 하면 안 되죠. 귀사의 전화 서비스 또한 엉망입니다. 전화를 걸면 대부분 모든 영업사원들이 다른 고객을 처리 중이니 이메일을 보내거나 나중에 다시 전화를 걸라고 했어요. 안 끊고 기다리는 선택지는 있지도 않습니다.
김지선

Vocabulary & Expressions

issue ~을 발행하다 서류와 같은 것을 발행한다는 의미

We **issued** the shipping documents to the operator of the retail outlet.
▶ 저희는 아울렛 운영자에게 선적 서류를 발행했습니다.

파생 표현 be issued with ~을 발급받다

You will **be issued with** a tracking number so that you can monitor the progress.

▶ 조회 번호를 발급받으면 진행상황을 확인하실 수 있습니다.

be told that ~을 듣다 I heard that과 같은 표현이다.

I **was told that** there you hadn't even shipped our order yet.

▶ 귀사에서 아직 저희 주문품을 선적조차 하지 않았다고 들었습니다.

유사 표현 be informed that ~ ~라고 듣다

ask for ~을 요청하다 부당한 서비스 또는 불량 제품에 대해 보상을 요청할 때 쓸 수 있는 표현이다.

After he arrived in Philadelphia, he called Southwest Airlines and **asked for** a reimbursement.

▶ 그는 필라델피아에 도착한 후에 사우스웨스트 항공사에 전화를 걸어 보상을 요청했다.

유사 표현 request ~을 요청하다

You should not indicate that ~라고 해서는 안 됩니다 상대방에게 간단히 충고할 때 사용한다.

You should not indicate that the defect rate of this product is zero if it is not.

▶ 이 제품의 불량률이 제로가 아닌데 제로라고 해서는 안 됩니다.

be given the option of ~할 선택권이 주어지다 서비스나 제품을 구매할 때 받게 될 선택권 등을 말한다.

Customers will **be given the option of** cancelling their orders if the delay is not acceptable.

▶ 배달 지연을 받아들일 수 없을 경우 고객에게는 주문을 취소할 선택권이 있습니다.

Vocabulary Check-Up

A Fill in the blanks with the appropriate expressions.

1 제가 전화 서비스를 다시 개통하기 위해선 105달러 보증금을 지급해야 한다고 들었습니다.

▶ I _____ _____ _____ I needed to pay the $105 deposit to reactivate my phone service.

2 저희 영업사원들이 현재 다른 고객들을 처리하고 있습니다. 그러니 나중에 전화해 주세요.

▶ Our salespeople are currently _____ _____ other clients, so please _____ _____.

3 저는 이와 같은 불합리한 요금부과에 대해서 환불을 요구하고자 합니다.

▶ I would like to _____ _____ a refund for these unreasonable charges.

4 귀하는 철도 여행을 포함하는 여행 보증서를 발급받게 될 것입니다.

▶ You will _____ _____ _____ a travel warrant that will cover rail transport.

B Make sentences using the given words.

1 제품에 만족하지 못한다면 고객들은 보상을 요청할 권리가 있습니다. (if / satisfy / have the right / reimbursement)

▶

2 FG회사가 제공하는 서비스의 질은 정말 형편없습니다. (quality / provide)

▶

3 온라인 고객 불만 양식을 사용해서 고객서비스팀에 연락 주세요. (contact / customer complaint form)

▶

Actual Sample

1 "불량제품은 반납되어야 합니다" [불량제품에 대한 회사정책을 알릴 때]

▶ 품질보증 정책은 고객이 제품을 선택하는 데 결정적인 역할을 하는 경우가 많다. 회사의 품질보증 정책을 고객에게 사전에 알리는 것이 좋다.

> **Our warranty is limited to** the replacement of the defective unit. **All defective units must be returned** to be evaluated by our Quality Control Department to **validate a warranty claim**. Warranty claims will be settled within 48 hours of our receiving the returned product.

품질보증은 결함이 있는 제품의 교체**에만 국한됩니다. 모든 결함 제품은 품질보증에 속하는 것인지를 확인받기 위해** 저희 품질관리부서에서 검사받기 위해 **반납되어야** 합니다. 품질보증에 속하는 제품인지 아닌지는 제품 수령 후 48시간 이내에 결정됩니다.

2 "환불해 주세요" [불량 제품에 대해 보상을 요구할 때]

▶ 불량률이 제로인 제품은 없다. 불량품을 살 수도 있는 법. 불량 내용을 설명하고 환불을 요구하는 내용에 포함되는 표현들을 익히자.

> I bought 2 packages of Galapeno beef sticks. One package was just great, but the beef sticks in the other package were EXTREMELY greasy. **I would like you to refund me for** the package.

제가 갈라피노 비프스틱을 두 봉지 샀습니다. 하나는 좋았습니다. 그런데 나머지 한 봉지에 들었던 비프스틱들은 너무 기름졌습니다. 이 봉지에 대해서는 **환불해 주시기 바랍니다.**

3 "불편을 드려서 죄송합니다" [고객 불만에 대응할 때]

▶ 고객의 불만에 대응하는 대표적인 방법 중의 하나는 무료 쿠폰을 전달하는 것. 그 때 사용하는 어휘와 표현을 익혀두자.

> **We're sorry to learn that you were disappointed with your purchase.** We're sending you a complimentary coupon via first class mail, which you should receive in 1-2 business days.

구매하신 제품이 실망을 드려서 죄송합니다. 무료 쿠폰을 빠른우편으로 보내드리도록 하겠습니다. 영업일 기준 1-2일 후에 받아보실 수 있습니다.

4 "법적으로 대응하겠습니다" [극단적인 조치를 통보할 때]

▶ 비즈니스에서 최악의 시나리오는 법적으로 대응해야 하는 상황이다. 이럴 때 쓰는 표현을 익혀두는 것도 필요하다.

> **This is to inform you that we are considering legal action against** your organization for publishing a book about our CEO which is not true and is ill-founded.

저희 CEO에 대해 사실도 아니고 근거도 없는 책을 출판한 것에 대해 당신의 회사**를 상대로 법적 조치를 취하는 것을 고려 중이라는 것을 알려드립니다.**

Pattern Practice

1   ~에 대해 환불해 주셨으면 합니다.

I would like you to refund me for _____.

① 귀하가 취소한 비행기편   the flights which you cancelled

② 귀사의 웹사이트에서 받지 못한 노래들   the songs I didn't receive from your website

③ 제 계좌에서 귀하가 공제했던 전액   the full amount of what you deducted from my account

2   저희는 ~에 대해 법적 조치를 고려 중입니다.

We are considering legal action against _____.

① 이 기사를 쓴 사람   the author of this article

② 그 이야기를 처음 퍼뜨린 미디어   the media that first spread the story

③ 주문품 선적 지연에 책임이 있는 사람들   those responsible for causing a delay in shipping the order

3   저는 ~가 실망스럽습니다.

I am disappointed with _____.

① 인터넷 연결 속도   the Internet connection speed

② 귀사의 멀티미디어 플레이어의 성능   the performance of your Multi-Media Player

③ 배송 서비스   the delivery service

4   저희의 품질보증은 ~으로 국한됩니다.

Our warranty is limited to _____.

① 운송업체에게 배달된 직후부터 45일간의 기간으로   the 45-day period immediately after delivery to the carrier

② 결함 제품의 수리 또는 교체로   repair or replacement of a defective unit

③ 제품의 구매 가격으로   the purchase price of the product

Writing Exercise

A Complete the sentences using the given words.

1 제가 일주일 전에 주문한 품목이 아직도 선적되지 않았다고 들었습니다.(be told that / order / ship)

▶ _____.

_____ yet.

2 온라인 주문 과정에서 제 주문서를 출력하는 선택권이 없네요.(during / be given the option of / print)

▶ _____.

_____ my order sheet.

3 귀하는 WB 조회번호를 발급받을 것입니다. 따라서 귀하의 제품이 어디에 있는지 www.wherebout.com에서 볼 수 있습니다.
(be issued with / tracking number / so that)

▶ You _____

_____ at www.wherebout.com.

4 그는 주문품에 부과되었던 부가적인 선적 및 처리 비용뿐만 아니라 선적되지 못한 주문품의 환불도 요청했다.
(ask for / refund / shipping and handling cost)

▶ _____ as well as

_____ he was charged for it.

5 저는 배송 서비스에 실망을 했고 또 주문하기 전에 두 번 생각할 것입니다.(be disappointed with / delivery service / think twice)

▶ _____.

and _____.

6 모든 결함 제품은 교환 또는 환불이 제공되기 전에 저희 콜센터로 반납되어야 합니다.
(be returned / be offered / defective units)

▶ _____ our call center before

_____.

7 유감스럽게도 당사 기록에 따르면 본 청구서는 아직 미결제 상태입니다.(record / show / outstanding)

▶ Unfortunately, _____.

8 저희는 그 보험회사를 상대로 항의를 접수할 생각입니다.(file a claim / against)

▶ We _____.

B Refer to the Korean and complete the emails.

1 지난주에 귀사로부터 구매한 데스크톱 컴퓨터들이 제대로 작동을 하지 않고 있어 매우 실망스럽습니다. 제가 무엇을 해야 하는지 가능한 빨리 알려 주세요.

_____ that the desktops that we purchased from your company last

week are not working fine. _____.

2 제가 주문을 한지 현재 70일이 지났습니다. 귀사가 제 은행계좌에서 돈을 재빨리 인출해 갔음에도 저는 여전히 아무것도 받질 못했습니다. 물건이 선적된 실제 날짜를 확인하고 싶습니다.

_____. _____

although you were quick to take my money from my bank account. I would like confirmation

_____.

3 불편을 드려서 죄송합니다. 귀하의 주문대금 청구 이름과 주소가 계좌정보와 일치하지 않아서 주문 진행을 정지시켜 놓은 상태입니다. 질문이 있으시면 745-234-0312로 연락 주세요.

_____. Since your order billing name and

address did not match your account information, _____.

_____, you can contact us at 745-234-0312.

TRY! 자유롭게 이메일을 써 보세요.

주문한 지 한 달이 지났는데도 제품이 도착하지 않아서, X 사의 고객서비스 센터에 이메일을 보내려 한다. 제품의 배송 지연에 대해 항의를 하고 2~3일 이내에 선적하지 않으면 주문을 취소하고 환불을 요구하겠다는 내용을 작성하자.

■ 정답은 없습니다.

Oprah Winfrey
"Live Your Best Life"

Having a plan is part of the process when you set your goals and pursue your dreams. When you are working your plan, new opportunities will be opened to you that you could never have predicted or planned. These opportunities are often invitations for growth. Sometimes you accept them, and sometimes you don't.

Oprah accepted her opportunity at being a talk show host despite having no experience in that area and having no idea where it would lead. Oprah dared to enter the arena of daytime talk shows when it was dominated by Phil Donahue. You need to be courageous when you are working on your dreams.

Oprah says, "Luck is when preparation meets opportunity." When she started in television, many TV producers even asked her to change her name because it was rare and unique and so many people had difficulty pronouncing it. Now she is so famous that her first name alone is a global brand!

목표를 세우고 당신의 꿈을 쫓을 때 계획을 세우는 것은 과정의 일부분이다. 당신의 계획을 수행할 때, 당신이 예견하지도 계획하지도 않았던 새로운 기회들이 당신 앞에 열릴 것이다. 이러한 기회들은 종종 성장을 위한 초대장과 같다. 당신은 때로는 이를 수락하고 때로는 거절한다.

오프라는 토크쇼 분야에 경험이 없음에도 불구하고, 이 일이 향후 어떻게 이어질지도 모른 채 토크쇼 진행자의 길을 받아들였다. 당시 필 도나휴에 의해 거의 독점되다시피 했던 낮 토크쇼 방송에 오프라가 감히 뛰어들었다. 당신의 꿈을 이루고자 한다면 용감해질 필요가 있다.

오프라는 말한다. "행운이란 준비하는 상황에서 만나는 기회다."

그녀가 TV 방송을 시작했을 때, 많은 TV 프로듀서들은 오프라라는 이름이 희귀하고 독특하기 때문에, 그리고 사람들이 발음하기 어렵기 때문에 이름을 바꾸라고까지 요구했다. 하지만 이제 그녀는 유명해져서 그녀의 이름 자체만으로도 글로벌 브랜드가 되었다!

1 part of the process 과정의 일부분

Failure is **part of the process**.
실패는 과정의 일부분이다.

2 have no experience in ~에 경험을 가지고 있지 않다

Unfortunately, I **have no experience in** this industry.
불행히도, 저는 이 업계에 경험이 없습니다.

3 be dominated by ~에 의해 지배되다

During the late seventies, the consumer videocassette market **was dominated by** the "format war."
70년대 후반에 비디오 카세트 소비 시장은 포맷전쟁으로 뒤덮였다.

4 work on 착수하다

He **worked on** a sequel to G-war with more special effects.
그는 더 많은 특수효과를 가진 'G-war'의 후속편에 착수했다.

5 have difficulty -ing ~하는 데 어려움이 있다

Have you ever had **difficulty** finishing a task or a project?
업무 또는 프로젝트를 끝내는 데 어려움을 겪어본 적이 있습니까?

6 global brand 글로벌 브랜드

Getting into a market with your **global brand** is the best way at the moment.
당신의 글로벌 브랜드로 시장에 들어가는 것이 현재로서는 최고의 방법이다.

Who is Oprah Winfrey?

1954년 1월 29일 미국 미시시피에서 태어났다. 에미상에 빛나는 오프라 윈프리쇼의 진행자인 그녀는 미국을 움직이는 또 하나의 힘이자 막강한 브랜드다. 불행한 어린 시절을 이겨내고, 유색인종에 대한 편견이 존재하는 미국사회에서 모든 악조건을 극복하고 당당하게 성공한 전설적인 여성으로 자리잡았다. 토크쇼의 여왕, 영화배우이며 자산 6억 달러의 갑부로 미국뿐 아니라 전 세계 소녀들에게 희망의 아이콘이다.

Oprah Winfrey says

"The biggest adventure you can ever take is to live the life of your dreams."
당신이 경험할 수 있는 최고의 스릴은 당신이 꿈꾸는 대로 사는 것이다.

"What I know for sure is that what you give comes back to you."
내가 확실히 알고 있는 하나는 당신이 준 것은 다시 당신에게 돌아온다는 것이다.

"I know for sure that what we dwell on is who we become."
우리가 생각하고 있는 것이 우리의 미래라고 나는 확신한다.

Answers &
Audio Scripts

PART 1

국제 무역
International Trade

Vocabulary Check-up p.13

A 1 ⓓ 2 ⓒ 3 ⓕ 4 ⓔ 5 ⓑ 6 ⓐ

B 1 dimensions 2 mass production 3 newly-launched
4 available 5 features / previous

C 1 main features 2 product lines 3 brochures / in
stock 4 high-quality / were launched 5 environmental-friendly

Conversation 1 제품 사양에 대해 질문하기 _ p.14   01.mp3

A: 최근에 새로운 휴대전화가 출시됐다고 들었습니다.
제품 사양에 대해 말씀해 주시겠어요?
B: 물론이죠. 새 전화에는 새로운 카메라가 장착되어 있어요.
A: 그렇군요. 현재 색상은 몇 가지입니까?
B: 두 가지가 있는데요, 빨간색과 파란색입니다.
A: 무게가 얼마나 나가는지 궁금하군요.
B: 500그램밖에 안 나가요.
A: 어느 색상이 더 인기가 있나요?
B: 지금은 빨간색이 파란색보다 더 인기 있습니다. 일반적으로 빨간색이 더
섹시해 보이기 때문인 것 같아요.

Conversation 2 제품 정보 요청하기 p.15   02.mp3

A: 신규 수영복의 특징에 대해 말씀해 주시겠습니까?
B: 네, 새 수영복은 마치 아무것도 입지 않은 것처럼 가벼워요.
A: 정말요? 고객들로부터 피드백 좀 얻었나요?
B: 네. 고객들이 품질에 아주 만족하고 있습니다.
그리고 경쟁사들과는 다르게, 저희는 프리미엄 품질의 섬유만 씁니다.
A: 멋지네요! 그것에 관한 정보는 어디서 얻을 수 있나요?
B: 저희 웹사이트 www.goodswim.com을 참조하시면 됩니다.
또는 더 자세한 정보를 원하시면 브로셔를 한 부 보내드리겠습니다.
A: 감사합니다. 우선 웹사이트를 살펴보겠습니다.

Practice 1 Let's Speak p.16

A 1 tell us about 2 hear that 3 more specific 4 refer to
5 how many

B tell us about this brand-new product / you be more
specific / know where I can get some information on it

Practice 2 Listen-up p.17

Audio Script – A   03.mp3

Johnson	Mr. Kim, I hear that the new notebook is coming out next month in October. How many colors are available?
Kim	It will be available in three colors, Ms. Johnson.
Johnson	I see. How much does it weigh?
Kim	It weighs about 1.5kg.
Johnson	I would like to get more information on it. Where can I get one?
Kim	A free brochure with details of the notebook is available now.
Johnson	Really? Can I get 10 brochures then?
Kim	No problem. Please let me know where I should send them.
Johnson	My address is 2025 M Street, Washington, D.C.,20036.
Kim	Okay. I will send them by FedEx tomorrow.

Johnson	미스터 김, 새 노트북이 다음 달 10월에 출시된다고 들었어요. 색상은 몇 가지로 나오죠?
Kim	세 가지 색상이에요, 존슨 씨.
Johnson	그렇군요. 무게는 얼마나 나가죠?
Kim	약 1.5kg 정도 나가요.
Johnson	그 제품에 대해 좀 더 정보를 얻고 싶네요. 어디서 얻을 수 있죠?
Kim	지금 노트북에 대한 상세한 정보가 담긴 브로셔가 무료입니다.
Johnson	정말이요? 그럼 10부 얻을 수 있을까요?
Kim	물론이죠. 어디로 보내야 하는지 알려 주세요.
Johnson	제 주소는 2025 M 스트리트, 워싱턴 D.C. 20036입니다.
Kim	알겠습니다. 내일 페덱스로 보내 드릴게요.

A-1 1 It will be launched in October.
2 People can get it from a brochure.
3 It will be available in three colors.
4 It weighs about 1.5kg.

A-2 1 F 2 F 3 T 4 F

Vocabulary Check-up p.19

A 1 ⓑ 2 ⓔ 3 ⓓ 4 ⓒ 5 ⓕ 6 ⓐ

B 1 am looking for 2 product quality 3 per unit
4 comes in 5 get / off

C 1 quote 2 by 3 priced at 4 cheaper than 5 price gap

Conversation 1 제품 가격 문의하기 p.20   04.mp3

A: 최신 카메라 Palm-30G의 FOB 가격은 얼마죠?

B: 390달러입니다. 검은색, 흰색, 옅은 파란색 세 가지로 나올 겁니다. 또한 30기가의 파일을 저장할 수 있죠.

A: 이전 모델 Palm-3G는요?

B: Palm-3G는 190달러입니다.

A: 그래요? 두 제품 간의 가격 차이가 큰 이유를 설명해 주시겠어요?

B: Palm-3G는 저장 용량이 겨우 3기가거든요.

A: 그렇군요. Palm-30G를 1,500대 주문하면 대량주문 할인을 해 줄 수 있나요?

B: 네, 그러면 대당 10달러를 할인받으실 수 있어요.

Conversation 2 가격 인하 요청하기 p.21   05.mp3

A: 미스터 김, 이 모델에 대한 견적을 내 주시겠습니까?

B: 예, 가서 확인해 보겠습니다. 현재 대당 170달러로 매겨져 있군요.

A: 너무 비싸네요. 더 싼 가격대가 있나요?

B: 유감스럽게도 그게 저희의 최저 가격입니다.

A: 하지만 새미 사는 같은 모델을 겨우 140달러에 판매하는데요.

B: 품질 얘기를 하자면 비교가 안 됩니다.

A: 그거 좋은 소식이네요. 하지만 아시다시피 고객들은 언제나 싼 것들을 찾잖아요. 20달러를 깎아 주시면 좋겠습니다.

Practice 1 Let's Speak p.22

A comes in white and black / explain why the price gap between the two is so big

B give me a quote / selling, for / give me a discount / rock-bottom price

C 1 ⓓ 2 ⓑ 3 ⓔ 4 ⓐ 5 ⓕ 6 ⓒ

Practice 2 Listen-up p.23

Audio Script – A   06.mp3

A Could you tell me what the price of the 24″ LCD monitor is?

B Its list price is $690. But it's on sale now. So you can buy it for $600.

A How about this 27″ LCD monitor?

B It is $790.

A Is it a list price or a discounted price?

B It's a discounted price. It's on sale as well.

A Could you explain why the price gap between the two monitors is so huge?

B This 27″ LCD monitor has higher definition than the 24″ LCD monitor.

A Is the quality of the 27″ LCD monitor reliable?

B When it comes to quality, there is no comparison.

A 24인치 LCD 모니터의 가격이 얼마인지 알려 주시겠어요?

B 정가는 690달러입니다. 하지만 현재 세일 중이에요. 그래서 600달러에 사실 수 있습니다.

A 이 27인치 LCD모니터는요?

B 그것은 790달러예요.

A 정가인가요, 아니면 할인 가격인가요?

B 할인된 가격입니다. 그것도 세일 중이거든요.

A 두 모니터의 가격차가 왜 그렇게 큰지 설명해 주시겠어요?

B 이 27인치 LCD 모니터가 24인치 모니터보다 해상도가 더 높아요.

A 27인치 LCD 모니터의 품질은 믿을 만한가요?

B 품질에 관해서라면, 타사와 비교를 거부합니다

A 1 $690 2 $600 3 cut price 4 on sale

Audio Script – B   07.mp3

A This book is priced at $17.

B Can you offer me a quantity discount if I order more than 10 books?

A Yes, you will get $3 off per unit.

B That's nice. Then could you tell me how much I have to pay in total?

A 이 책은 17달러로 가격이 매겨져 있어요.

B 혹시 제가 10부를 주문하면 대량구입 할인을 해 주실 수 있나요?

A 네, 한 부당 3달러 깎아드릴 수 있어요.

B 그거 좋네요. 그럼 총 얼마를 내야 하는지 말씀해 주시겠어요?

B 1 is priced at $17 2 offer me a quantity discount
3 more than 4 get $3 off

WEEK 03   주문과 배송

Vocabulary Check-up p.25

A 1 ⓔ 2 ⓕ 3 ⓑ 4 ⓐ 5 ⓒ 6 ⓓ

B 1 How soon / deliver 2 ship / within 3 warranty / offer
4 fax / purchase order 5 shipping company

C 1 on-site service 2 money-back guarantee
3 ordered / by 4 purchase / OA 5 make a payment

Conversation 1 구매 주문과 배송 p.26   08.mp3

A: 무엇을 도와드릴까요, 하워드 씨?

B: MP3-5G를 500대 주문하고 싶습니다.

A: 네, 먼저 재고현황을 알아볼게요. 오, 당신의 주문을 처리할 만한 충분한 재고가 있네요.

B: 다행이군요. 오늘 구매 주문서를 팩스로 넣으면 얼마나 빨리 창고에 들어오죠?

A: 신용장 도착한 후 45일 내입니다.

B: 항공으로 운송해서 한 달 안에 안 될까요? 이 주문은 성탄절 납기일에 맞춰야 하거든요.

A: 알겠습니다, 최우선으로 처리해 드릴게요.

Conversation 2 품질보증과 지불 방법 p.27   09.mp3

A: 귀사에서는 수퍼프린트 III에 대해 어떤 품질보증을 제공하죠?

B: 품질보증 1년을 보장합니다. 구입일로부터 12개월이죠.

A: 서비스에 대해서도 말씀해 주시겠어요?

B: 저희는 출장수리 서비스를 제공합니다. 그 외에도 프린터가 만족스럽지 않으면 7일 동안 환불을 보장합니다. 그러나 수퍼프린트 III에 그런 일은 없을 겁니다.

A: 좋아요. 1,500대를 주문하고 싶습니다.

B: 대금을 신용장으로 지불해 주실 수 있나요?

A: 물론이죠. 지금 주문서를 팩스로 보내겠습니다.

Practice 1 Let's Speak p.28

A   1 ⓔ   2 ⓒ   3 ⓐ   4 ⓓ   5 ⓑ

B   1 What is the warranty period for   2 can I make a payment
     3 I purchase these products on OA

C   1 ⓕ   2 ⓑ   3 ⓓ   4 ⓒ   5 ⓔ   6 ⓐ

Practice 2 Listen-up p.29

Audio Script – A   10.mp3

A   How can I help you, sir?

B   I would like to place an order for 400 units of the 3G-PB. How much is it per unit?

A   The price has gone up since last week. It's $230 now.

B   I see. I would like to know about the warranty policy on it.

A   We provide a three-year full warranty.

B   That sounds nice. Can I purchase them on open account?

A   Of course you can. You are a premium customer.

A   고객님, 무엇을 도와드릴까요?

B   3G-PB를 400대 주문하고자 합니다. 대당 얼마죠?

A   지난 주 이후로 가격이 올랐어요. 현재 230달러예요.

B   그렇군요. 그 제품의 품질보증 정책에 대해 알고 싶은데요.

A   저희는 3년 동안 품질보증을 제공하고 있습니다.

B   좋네요. 외상거래로 구매할 수 있을까요?

A   물론이죠. 우수 고객이신걸요.

A   400 units / three years / open account

Audio Script – B   11.mp3

A   How soon can you deliver the products if we order today?

B   Within 45 days of arrival of your letter of credit.

A   Can you ship them by air? This order has to meet the Thanksgiving deadline.

B   Okay, I will give priority to your order.

A   오늘 주문하면 얼마나 빨리 제품들을 배송해 주실 수 있죠?

B   고객님의 신용장이 도착한 후 45일 안으로요.

A   항공 화물로 선적해 주실 수 있나요?
     이번 주문은 추수감사절 납기일을 맞추어야 하거든요.

B   알겠습니다. 고객님의 주문을 최우선으로 처리하겠습니다.

B   1 within 45 days   2 a letter of credit   3 by air
     4 Thanksgiving Day

Audio Script – C   12.mp3

A   I need to change some of the merchandise I ordered from you about three days ago.

B   Did you order online?

A   Yes, I did. I want to cancel the order for 3R-50s and instead get 3T-50s.

B   I see. Let me pull up your invoice first.
     Okay, here it is.

A   제가 3일 전쯤에 주문했던 제품을 약간 변경했으면 합니다.

B   온라인으로 주문하셨나요?

A   네. 3R-50를 취소하고 대신에 3T-50를 받았으면 합니다.

B   알겠습니다. 우선 고객님의 송장을 좀 꺼내겠습니다. 아, 여기 있군요.

C   I need to change / Did you order online / cancel the order

PLUS WEEK   클레임 처리하기

Vocabulary Check-up p.31

A   1 ⓑ   2 ⓕ   3 ⓓ   4 ⓔ   5 ⓐ   6 ⓒ

B   1 problems / suppliers   2 waiting for / delivery
     3 been crashing   4 choice / cancel / delay
     5 go wrong with

C   1 legal action   2 get / cash refund   3 How / help
     4 ship / faulty equipment   5 sub-par quality

Conversation 1 문제 처리하기 p.32   13.mp3

A: 서비스 부서입니다. 무엇을 도와드릴까요?

B: BBC-6G 주문 건 때문에 전화했어요. 저희가 3주 전에 주문을 했는데 아직까지 물건을 못 받고 있습니다.

A: 그렇군요, 잠시만요. 주문번호 좀 알려 주시겠습니까?

B: 어디 보자… IMG1220이네요.

A: 정말 죄송합니다. 저희가 공급자와 약간 문제가 있었습니다.

B: 이해합니다만, 우리 고객들이 배송을 기다리고 있어요.

A: 제가 조치를 취해 보겠습니다.

B: 이달 말까지 물건을 못 받으면 취소해야만 합니다.

A: 다시 한 번 사과드립니다. 저희 비용으로 주문품을 항공 화물로 보내드리겠습니다.

Conversation 2 문제 해결하기 p.33

14.mp3

A: 지난달에 저희가 구매한 노트북의 고장 비율이 엄청납니다.

B: 불편을 드려서 죄송합니다. 그러나 저희는 결코 알면서도 평균 이하의 제품을 팔지는 않습니다. 제품을 검사할 수 있도록 불량품 중 하나를 저희 쪽으로 보내주실 수 있나요?

A: 좋아요. 문제를 빨리 해결할 수 있었으면 좋겠습니다. 또, 결함이 있는 노트북에 대해서는 현금 환불을 원합니다.

B: 유감스럽게도 환불은 회사정책에 위배됩니다.

A: 그럼 노트북을 교체해 주실 수 있나요?

B: 좋습니다. 배송도 무료로 해 드릴게요.

Practice 1 Let's Speak p.34

A 1 Can I have the order number?

2 We have some problems with the products.

3 We will ship it at our expense.

4 Can I get a cash refund?

5 It's against company policy to replace defective units.

6 The shipping cost is free of charge.

B 1 ⓕ 2 ⓓ 3 ⓑ 4 ⓒ 5 ⓐ 6 ⓖ 7 ⓔ

C 1 I placed an order about 2 months ago.

2 We are still waiting for the delivery.

3 The printers that we purchased a week ago are out of order.

4 I will have to cancel if I don't receive the parts by next week.

Practice 2 Listen-up p.35

Audio Script – A

15.mp3

Customer	Hello, Mandy. I'm calling you about my order for part #2012. It hasn't arrived yet.
Mandy	Just a moment. Can I have the order number?
Customer	It's PO2203.
Mandy	Oh, I see. We shipped it by air cargo two weeks ago.
Customer	Are you sure? But it hasn't arrived yet.
Mandy	Hmm… That's weird. Let me check the tracking number. Oh, we are sorry for the inconvenience. Your order is being delayed due to customs clearance.

Customer	안녕하세요, 맨디. 부품 2012번 주문 때문에 전화했어요. 그게 아직 도착을 안 했어요.
Mandy	잠시만요. 주문번호가 어떻게 되죠?
Customer	PO22203이요.
Mandy	아, 그렇군요. 저희는 2주 전에 항공 화물로 보냈는데요.
Customer	확실해요? 그런데 아직도 도착하지 않았어요.
Mandy	흠… 이상하네요. 추적번호를 확인해 볼게요. 아, 불편을 드려 죄송합니다. 고객님 주문품이 통관 때문에 지연되고 있어요.

A 1 T 2 F 3 F 4 T

Audio Script – B

16.mp3

Tarrant	The video equipment I bought from your store is not working, Mr. MacDuff.
MacDuff	We're sorry for the inconvenience, Ms. Tarrant. Could you visit our service center located in London?
Tarrant	I live in Paris. Can you visit my place instead?
MacDuff	Sorry, we can't. Please send it to us by FedEx ASAP. We will give you a cash refund.

Tarrant	당신 가게에서 산 비디오 장비가 작동되지 않아요, 맥더프 씨.
MacDuff	불편을 드려 죄송합니다. 타렌트 씨. 런던에 있는 저희 서비스 센터를 방문해 주실 수 있으세요?
Tarrant	저는 파리에 삽니다. 그쪽에서 저를 방문해 주시면 안 될까요?
MacDuff	죄송합니다만, 그럴 수가 없습니다. 가능한 한 빨리 저희에게 페덱스로 물건을 보내 주세요. 현금으로 환불해 드리겠습니다.

B 1 It's not working.   2 by FedEx

3 He will give Ms. Tarrant a cash refund.

Vocabulary Check-up p.41

A 1 ⓑ 2 ⓔ 3 ⓒ 4 ⓕ 5 ⓐ 6 ⓓ

B 1 look after 2 took / review 3 are / known for 4 set
  5 reconsider

C 1 introduce myself / late 2 determine[decide]
  3 most congested 4 short break 5 in charge of

Conversation 1 인사와 가벼운 이야기 p.42   17.mp3

A: BB전자에 오신 것을 환영합니다! 제 이름은 하워드 차입니다.
  영업 마케팅 부서의 영업부장입니다.

B: 만나서 반가워요, 미스터 차. 제 이름은 수잔 베키입니다.
  해외 마케팅과 영업을 맡고 있습니다.

A: 호텔에서 여기까지 오시는 데 얼마나 걸렸나요?

B: 여기까지 한 시간 정도 걸렸어요. 오늘 교통 상황이 장난이 아니었습니다.
  그래서 회의에 늦었어요.

A: 그렇군요. 당신도 아실지 모르겠지만, 서울은 세계에서 가장 교통이 혼잡
  하기로 유명한 도시 중 하나랍니다. 아무튼 회의 후에는 저희가 갈비를
  대접하겠습니다.

Conversation 2 협상 안건 및 절차 소개하기 p.43   18.mp3

A: 여러분도 알다시피, 오늘 토의의 목적은 계약 조건을 논의하는 것입니다.
  귀사가 선호하는 계약 조건의 밑그림을 가져오셨죠?

B: 네, 가져왔습니다.

A: 오늘의 회의 절차를 제안하도록 하겠습니다.

B: 그러시죠.

A: 먼저, 제안서를 검토할 겁니다. 그리고 나서 50분간 점심 시간을 가질 겁니다.
  점심 후에 합의되지 않은 부분을 구체적으로 협의할 것입니다. 괜찮습니까?

B: 좋습니다.

Practice 1 Let's Speak p.44

A 1 Let's take a five-minute break.
  2 We are here to discuss the details of the contract.
  3 Let's just run through the agenda first.
  4 It takes me two hours to review a 50-page report.
  5 I would like to discuss how to market the product in
   detail.
  6 I look after marketing and sales.

B 1 ⓔ 2 ⓐ 3 ⓑ 4 ⓕ 5 ⓓ 6 ⓒ 7 ⓖ

C The purpose of today's talk is to review our current
  prices. / First, we will run through our competitors' prices.

Practice 2 Listen-up p.45

Audio Script – A   19.mp3

I'd like to thank you all for coming all the way down
here. My name is Catherine Graham. I am in charge of
international marketing. The purpose of today's talk is
to discuss the price of the new hard disk drive. Let's run
through the agenda first.

이렇게 먼 곳까지 와주신 여러분 모두에게 감사 드립니다. 제 이름은 캐서린 그래함입니
다. 국제 마케팅을 담당하고 있습니다. 오늘 논의의 목적은 하드 디스크 드라이브
신제품의 가격을 협의하는 것입니다. 우선 협의사항들을 검토하겠습니다.

A coming all the way down here / I am in charge of /
  The purpose of today's talk / Let's run through

Audio Script – B   20.mp3

Martin	Good morning. It's been a while since we met in Buenos Aires.
Ted	Indeed, Martin.
Martin	Please allow me to introduce Ashley Olsen, a colleague of mine. She will be sitting in on our negotiations.
Ted	Delighted to meet you, Ashley.
Ashley	Likewise. How was your trip, Ted?
Ted	Well, I slept all the way here.
Ashley	Oh, that's good. In fact, that's the best way to overcome jet lag.
Ted	Yeah, I think so, too.
Martin	Let me take your coat.
Ted	Oh, thank you very much.
Ashley	Can I offer you some coffee or tea, Ted?
Ted	No, thanks. I'm okay.
Ashley	Should I have a taxi come at the end of the meeting?
Ted	Oh, you don't have to. I will take the subway to Incheon because I have some business there to take care of.

Martin	안녕하세요. 부에노스 아이레스에서 뵙고 꽤 오랜만이네요.
Ted	그렇네요, 마틴.
Martin	제 동료인 에쉴리 올슨을 소개할게요. 저희와 함께 협상 테이블에 앉을 겁니다.
Ted	만나서 반가워요, 애쉴리.
Ashley	저도 반갑습니다. 여행은 어떠셨어요, 테드?
Ted	흠, 여기까지 오는 내내 잤어요.
Ashley	아, 그게 좋아요. 사실, 그게 시차를 극복하는 최고의 방법이죠.
Ted	예, 저도 그렇게 생각해요.
Martin	코트 주세요.

Ted	오, 감사합니다.
Ashley	커피나 차 드릴까요, 테드?
Ted	아니요. 괜찮아요.
Ashley	미팅이 끝날 때쯤 택시를 불러드릴까요?
Ted	아니요, 그럴 필요 없어요. 저는 인천으로 가는 지하철을 탈 겁니다. 거기서 처리할 일이 좀 있거든요.

B-1 1 T 2 F 3 F 4 F

B-2 1 morning 2 colleague 3 slept 4 subway

WEEK 05 \ 입장 밝히기

Vocabulary Check-up p.47

A 1 ⓒ 2 ⓐ 3 ⓑ 4 ⓔ 5 ⓓ 6 ⓕ

B 1 lower the price 2 be extended 3 are here / discuss
4 view on 5 trying to say

C 1 minimum order quantity 2 no room / discounts
3 resolve this issue 4 take a break 5 warranty coverage

Conversation 1 협상 안건 확인하기 p.48 21.mp3

A: 제가 틀리면 정정해 주세요. 오늘 안건의 첫 번째 항목은 DVD 플레이어의 단가이고, 두 번째는 품질보증기간입니다.
B: 맞습니다.
A: 점심식사 전에는 단가 문제에 집중하고 싶습니다. 동의하십니까?
B: 그럼요. 가격 문제를 가능한 빨리 해결해야 한다고 생각해요.
A: 네, 전적으로 동의합니다. 좋습니다. 현 시점에서 질문 있으십니까?
B: 저는 3시에 자리를 떠야 합니다. 5시간 남았군요.
A: 오래 걸리지 않을 겁니다. 그때까지는 끝낼 수 있습니다.

Conversation 2 입장 명확하게 취하기 p.49 22.mp3

A: 자, 귀사의 입장을 요약하자면, 새로운 계약에서는 저희가 최소 주문량을 늘려야 한다는 거군요.
B: 맞습니다. 최소 물량이 1만 5천 대는 되어야 합니다. 그래야 현재 할인율로 물품 배송이 가능합니다.
A: 저희도 기본적으로 주문량을 올리는 데는 관심이 있습니다. 하지만 디지털 카메라의 가격을 낮추어야 해요. 디지털 카메라의 높은 가격 때문에 작년 부터 저희의 시장점유율을 경쟁사에게 뺏기고 있어요.
B: 글쎄요, 저는 다르게 봅니다. 가장 중요한 것은 상품을 마케팅하는 방법이죠.
A: 저희 마케팅이 형편없다는 얘기인가요, 리처드?
B: 당신의 회사가 처한 상황은 안됐지만, 가격 인하의 여지는 없습니다.

Practice 1 Let's Speak p.50

A 1 agenda / unit price 2 add / discussed
3 any questions 4 matters most / why / insist
5 summarize / position

B company's view / competitive / lower our prices / in my opinion

Practice 2 Listen-up p.51

Audio Script – A 23.mp3

Jack	We are here to discuss the warranty period of our products. What's your opinion, Amanda?
Amanda	As you can see from the chart on the screen, 40% of our customers are not happy with our current warranty period. They think it should be extended to two years from the current one year.
Jack	How about your opinion, Richard?
Richard	My opinion is different from hers. I firmly believe that the current warranty period is sufficient for our end users.
Jack	Thank you for your opinions. Please let me summarize your positions. Amanda, you'd like the warranty period to be extended to two years. Richard, you think it should remain the same. Richard, could you give us the reason why we should keep the current one-year warranty period?
Richard	The reason is that the quality of our products is not good enough at present to cover all the malfunctioning units during the two-year warranty period.

Jack	우리 제품의 품질보증 기간을 논의하고자 이 자리에 모였습니다. 당신 생각은 어때요, 아만다?
Amanda	화면에 있는 차트에서 볼 수 있듯이, 우리 고객의 40%가 품질보증 기간에 대해 만족하지 못하고 있어요. 그들은 기간을 1년에서 2년으로 늘려야 한다고 생각해요.
Jack	당신의 의견은 어때요. 리처드?
Richard	제 의견은 아만다와는 다릅니다. 현재의 보증 기간이 우리 사용자들에게 충분하다고 굳게 믿습니다.
Jack	의견 고마워요. 여러분들의 입장을 정리해 볼게요. 아만다, 당신은 보증기간을 2년으로 늘리기를 원하고, 리처드, 당신은 현재 수준으로 유지해야 한다고 생각하고 있어요. 리처드, 우리가 현재의 1년 보증기간을 유지해야 하는 이유를 말씀해 주시겠어요?
Richard	2년 동안 발생하는 모든 불량품을 커버하기에는 현재 우리 제품의 품질이 썩 좋지 않기 때문이죠.

A-1 1 They are talking about the warranty period.
2 40 percent 3 It's one year. 4 malfunctioning

A-2 1 T 2 F 3 F 4 T

Audio Script – B 24.mp3

A	As I understand it, you would like to add a monitor to this lawnmower. Is that right?
B	That's right. The customers in North America are very picky in selecting lawnmowers.
A	But there is one thing that we need to take into account.
B	What's that?
A	The unit price will be twice the current price.
B	Is it your main consideration?

A Exactly.

B To me, it is of secondary importance. They are willing to pay more so long as they are satisfied with the features their lawnmower has. If you look at the handout that I distributed earlier, it shows that more expensive models were sold than cheaper ones.

A Well, we need to discuss this further.

B My position is clear on this issue. If you don't include the function with the next model, we won't buy your lawnmowers any more.

A 제가 이해한 대로라면, 당신은 이 잔디깎이에 모니터를 추가하고 싶은 거죠. 맞죠?

B 맞습니다. 북미 고객들은 잔디깎이를 고르는 데 아주 까다롭죠.

A 하지만 고려해야 할 것이 하나 있어요.

B 그게 뭐죠?

A 대당 가격이 현재 가격의 두 배가 될 거예요.

B 그게 큰 걱정이세요?

A 그럼요.

B 제게는, 그것은 이차적인 문제입니다. 고객들은 그들의 잔디깎이가 가진 성능에 만족한다면 더 많은 돈을 지불할 용의가 있죠. 좀 전에 나누어드린 인쇄물을 보시면, 더 비싼 제품들이 저렴한 제품보다 잘 팔렸다는 게 나타납니다.

A 글쎄요, 이 문제를 좀 더 논의를 해봐야 할 것 같은데요.

B 이 문제에 대한 저의 입장은 분명합니다. 다음 모델에 그 기능을 추가하지 않으면 저희는 더 이상 당신네 잔디깎이를 구매하지 않겠어요.

B 1 As I understand it 2 Is that right

3 we need to take into account

4 twice the current price

5 Is it your main consideration?

6 They are willing to pay more

7 that I distributed earlier

8 than cheaper ones

9 we need to discuss this further

10 My position is clear

11 we won't buy

WEEK 06 \ 제안하기와 흥정하기

Vocabulary Check-up p.53

A 1 ⓓ 2 ⓕ 3 ⓑ 4 ⓔ 5 ⓐ 6 ⓒ

B 1 Our proposal 2 Considering 3 not satisfied with
    4 look elsewhere 5 go along with

C 1 basic position 2 lower / by 15% 3 difficult
    4 extend the warranty period 5 acceptable

Conversation 1 제안하기 p.54   25.mp3

A: 좋습니다. 자, 시작합시다.
오늘 안건 중 첫 번째는 품질보증 기간입니다. 그것에 대해 하실 말씀이 있으면 편하게 말씀하세요.

B: 흠, 먼저 귀사의 의견을 듣고 싶은데요.

A: 좋습니다. 회사를 운영하면서 귀하가 직면하고 있는 문제들을 잘 알고 있습니다. 그러나 저는 제품마다 품질보증 기간을 210일로 해 주실 것을 제안합니다.

B: 유감스럽게도 저희가 직면하고 있는 재정 문제 때문에 받아들일 수가 없네요. 110일은 어떻습니까?

A: 제품의 불량률을 감안하면, 그것은 너무 짧아요.

B: 그러면 다른 제안을 해도 될까요?

Conversation 2 흥정하기 p.55   26.mp3

A: 저희쪽 기본 입장을 명확하게 말씀 드리겠습니다. 가격을 내려 주셨으면 합니다.

B: 이 주류의 연간 최소주문량을 700,000 케이스로 보장해 주신다면, 받아들일 수 있습니다.

A: 이해는 합니다만 저희 시장이 그리 크질 않습니다. 4.5% 할인을 받으려면 최소 어느 정도의 물량이어야 합니까?

B: 500,000 케이스를 보장해 주신다면 그 정도 할인해 드릴 용의가 있습니다.

A: 현재 그 정도는 가능할 것 같습니다.

B: 좋습니다. 당장 할인율에 대한 계약서 문구를 수정합시다.

Practice 1 Let's Speak p.56

A 1 your proposal until 2 How[What] about if
    3 be my guest 4 agree to 5 Our proposal

B 1 ⓑ 2 ⓔ 3 ⓒ 4 ⓓ 5 ⓖ 6 ⓐ 7 ⓕ

C 1 I would like to hear from you first.
    2 If you guaranteed an order of 30,000 boxes, we'd be willing to offer a quantity discount.
    3 Let me clarify my position.
    4 I think I could go along with that.

Practice 2 Listen-up p.57

Audio Script – A   27.mp3

Amanda I propose that you lower the royalty by 20 percent.

John I'm afraid we can't accept that. Currently, we are applying the same royalty to all the companies who use this technology.

Amanda As you know, we're the one who's using it most. You should give us a special rate.

John I understand your point, but that's our company's policy.

Amanda So, are you asking us to accept such a high royalty?

John	Sorry, Amanda. You must pay a royalty of 1.5 dollars per unit.

Amanda	저는 귀사에서 로열티를 20퍼센트 낮춰주시기를 제안합니다.
John	안타깝지만 저희는 그 제안을 받아들일 수가 없습니다. 현재 저희는 이 기술을 사용하는 모든 회사들에게 동일한 로열티를 적용하고 있습니다.
John	아시다시피, 저희가 이 기술을 가장 많이 사용하고 있습니다. 저희한테는 특별 가격으로 주셔야죠.
John	말씀하시는 요지는 이해합니다만 그게 저희 회사의 정책입니다.
Amanda	그러면 저희더러 그렇게 높은 로열티를 받아들이란 말입니까?
John	죄송합니다, 아만다. 대당 1.5달러의 로열티를 내셔야 해요.

A-1 1 less likely 2 less likely

A-2 1 ⓑ 2 1.5 dollars per unit

Audio Script – B   28.mp3

A	Let me clarify my basic position. I would like to make a contract with you.
B	If you guarantee an order of 25,000 units per year, I don't see why we shouldn't.
A	I understand it, but please take a look at the current market situation. It's getting tougher because there are many start-up companies.
B	How about if we lower the price?
A	How much would you be willing to lower it?
B	I'd be willing to reduce it by 10 percent.
A	In that case, I could guarantee 25,000 units on a yearly basis.
B	That sounds good.

A	제 기본 입장을 밝히겠습니다. 귀사와 계약을 맺고 싶습니다.
B	1년에 25,000대의 주문을 보장해 주신다면, 못 할 이유가 없죠.
A	그 점은 이해합니다만, 현재의 시장 상황을 보세요. 많은 신생 회사들 때문에 상황이 더 어려워지고 있습니다.
B	저희가 가격을 낮추면 어떨까요?
A	얼마나 낮추실 수 있겠습니까?
B	10퍼센트는 기꺼이 낮출 수 있습니다.
A	그렇다면 저도 연간 25,000대를 보장할 수 있습니다.
B	좋습니다.

B 1 make a contract with you
2 guarantee an order of 25,000 units
3 please take a look at the current market situation
4 if we lower the price   5 I'd be willing to reduce it
6 That sounds good

PLUS WEEK \ 갈등 대처하기와 협상 끝내기

Vocabulary Check-up p.59

A 1 ⓕ 2 ⓓ 3 ⓐ 4 ⓒ 5 ⓑ 6 ⓔ

B 1 take a look 2 look forward to 3 reached an agreement
4 modify 5 insist / terminate the contract

C 1 summarize / view 2 satisfactory meeting
3 appreciate our difficulties 4 reasonable solution
5 give / ground

Conversation 1 갈등 대처하기 p.60   29.mp3

A: 현재 가장 큰 장애물은 가격으로 보입니다. 전에 말씀 드렸듯이, 가격을 199달러로 낮춰주실 것을 강하게 요청합니다.

B: 글쎄요, 저희 입장에서 문제를 정리해 보아도 될까요? 약 6개월 전, 귀사의 요청에 따라 정가에서 10%를 깎아 드렸습니다. 그러나 우리의 시장 점유율은 전혀 변하지 않았어요.

A: 전적으로 저희의 잘못은 아닙니다. 시기가 적절하지 않았다고 생각해요.

B: 그것이 요지가 아니에요. 요지는 우리가 시장 점유율을 경쟁사들에게 뺏기고 있다는 겁니다.

A: 양사가 모두 실수했다고 생각합니다. 우리 둘 다 책임이 있어요.

B: 좋습니다, 새로운 해결책은 어떨까요? 우리가 당신의 요구를 받아들이고, 당신은 시장 점유율을 10%까지 올리는 겁니다.

Conversation 2 협상 끝내기 p.61   30.mp3

A: 수정 계약서 가져오셨나요?

B: 물론입니다. 여기 수정본입니다. 요청하신 대로 표현과 조건들을 수정했어요.

A: 아주 좋습니다. 한번 보죠. 네, 제가 요청한 조건들을 모두 수정하셨군요.

B: 모두 괜찮으시다면, 이 계약서에 사인해 주시겠어요?

A: 그러죠.

B: 긴 회의였지만, 마침내 합의에 도달해서 기쁩니다.

A: 이것이 서로에게 이득이 되는 관계의 시작이라고 저는 확신합니다.

B: 저 역시 장기적이고 알찬 파트너 관계를 기대합니다.

A: 그럼 이제 식사하러 가면 좋겠습니다.

Practice 1 Let's Speak p.62

A 1 We'd be willing to offer a lifetime guarantee.
2 We revised the terms according to your requests.
3 I insist you cut the retail price of the digital camera.
4 I'm very glad finally to reach an agreement.
5 How about a new solution?
6 I also look forward to a long-lasting relationship with your company.

B 1 ⓑ 2 ⓐ 3 ⓓ 4 ⓒ 5 ⓕ 6 ⓔ

Practice 2 Listen-up p.63

Audio Script – A   31.mp3

Amanda	Here is the revised version of our contract. I revised the terms and conditions based on what we agreed on.
John	Let me see… The terms of delivery haven't changed yet, Amanda.
Amanda	Oops! That's my mistake.
John	I suggest we stop here. It's almost midnight.
Amanda	Yeah, let's resume our meeting tomorrow.

John	Please correct the terms of delivery before we start the meeting tomorrow.
Amanda	Okay, I will.

Amanda	여기 계약서 수정본이요. 우리가 합의한 대로 조항과 조건들을 수정했습니다.
John	어디 봅시다… 배송 조항은 아직 안 바뀌었네요. 아만다.
Amanda	아이쿠! 제 실수네요.
John	저는 여기서 그만 마무리했으면 합니다. 거의 자정이에요.
Amanda	네, 내일 다시 회의를 재개하죠.
John	내일 회의를 시작하기 전에 배송 조항을 고쳐 주세요.
Amanda	네, 그럴게요.

A 1 revised 2 changed 3 tomorrow 4 correct

Audio Script – B
32.mp3

A	I want to ensure that there are no other sticking points.
B	Well, since we've found some common ground on the size of the order, I can't think of any potential problems we would need to handle.
A	Can I take a brief look at the contract once again?
B	Certainly.
A	Hmm… It looks perfect.
B	It is perfect.

A	I'm happy to have reached an agreement with your company.
B	Yeah, I think we've both got a good deal.
A	I also look forward to a long and fruitful partnership.
B	No doubt about it. I will treat you to a nice dinner at a local restaurant.

A	다른 미해결 문제들은 없는지 확인하고 싶군요.
B	우리가 주문 물량에 대해 공통된 의견을 보였으니 해결해야 할 문제는 이제 없는 것 같습니다.
A	계약서를 잠깐 좀 다시 봐도 될까요?
B	물론이죠.
A	흠… 완벽해 보이네요.
B	완벽하죠.
A	귀사와 합의에 이르게 되어 기쁩니다.
B	네, 양자 간에 좋은 계약이 이루진 것 같습니다.
A	저 또한 장기적이고 유익한 파트너십을 기대합니다.
B	그렇고 말고요. 제가 근처 식당에서 맛있는 저녁 식사를 대접하겠습니다.

B 1 sticking points 2 found some common ground
3 Can I take a brief look
4 have reached an agreement with your company
5 got a good deal 6 I also look forward to
7 No doubt about it

PART 3 \ 마케팅
Marketing

WEEK 07 \ 제품 출시하기

Vocabulary Check-up p.69

A 1 ⓐ 2 ⓒ 3 ⓑ 4 ⓕ 5 ⓓ 6 ⓔ

B 1 position / as 2 differentiate / from 3 explain / in detail
4 at the expense of 5 hit the bottom

C 1 ups and downs 2 improvements 3 overseas market
4 onto the market 5 popular-priced products

Conversation 1 제품 출시하기 p.70
33.mp3

A: i-Lake 사가 G10을 막 출시했다고 들었습니다. 출시에 대해 간략하게 말씀해 주시겠습니까?
B: 잘 진행되고 있고 반응이 아주 좋아요.
A: 이전 모델과 비교해서 기능 면에서 몇 가지 개선점이 있던데요.
B: 네, 두세 가지 기능이 추가됐어요. 이제 자동 네비게이션 시스템을 쓸 수 있게 되었습니다. 그것이 개선점 중 하나죠.
A: 그러면 목표 시장이 어디죠?
B: 저희는 이전에 한번도 로봇 청소기를 사지 않았던 사람들을 공략하고 있습니다.
A: G10과 같은 제품의 성공에 있어서 디자인은 얼마나 중요하죠?
B: 요즘 사람들은 로봇 청소기를 패션 소품으로 생각하고 있습니다. 디자인이 가장 중요하죠.

Conversation 2 시장 점유율 논의하기 p.71

34.mp3

A: Pia의 베트남 점유율이 오르락내리락하고 있습니다.

B: 네, 맞아요. 하지만 올해 저희의 시장 점유율이 15%로 증가했습니다. 작년의 10.5% 보다 증가한 거죠. 올해 저희는 HM 모터스의 시장을 잠식했습니다.

A: 귀사의 목표 시장 점유율이 얼마인지 말씀해 주시겠어요?

B: 2025년까지 25%의 시장 점유율을 달성할 계획입니다.

A: 성장 계획은요?

B: 특정한 활동이 그 기간 동안에 이루어질 겁니다.

A: 구체적으로 말씀해 주시겠어요?

B: 저희는 이제 간과했던 제품 홍보와 애프터 서비스에 집중할 계획이에요.

Practice 1 Let's Speak p.72

A 1 I heard that you launched a brand-new car.

2 What's their target market?

3 Our customers regard our products as low-end products.

4 Our market share increased to 15% last year.

5 We are planning to have a 17% market share by 2025.

6 They are focusing on people who have never owned a car before.

B 1 ⓐ 2 ⓔ 3 ⓑ 4 ⓒ 5 ⓕ 6 ⓗ 7 ⓖ 8 ⓓ

Practice 2 Listen-up p.73

Audio Script – A

35.mp3

A We finally beat our rival, BestPics!

B What are you talking about?

A Do you know we launched a new digital camera?

B Why wouldn't I know that? I developed its lens.

A Oh, I didn't know that. Anyway, it's now the best seller on the market!

B Really?

A Why would I lie to you? Our current market share is 65%, which is greater than BestPics.

B Wow! That sounds great!

A The idea of using a bluetooth was brilliant.

A 우리가 마침내 라이벌 베스트픽스를 물리쳤어요!

B 무슨 얘기예요?

A 우리가 새 디지털 카메라를 출시했다는 것을 알죠?

B 왜 모르겠어요? 제가 그 렌즈를 개발했는데.

A 오, 몰랐네요. 어쨌든, 현재 시장에서 베스트셀러예요.

B 정말이에요?

A 제가 왜 거짓말을 하겠어요? 우리의 시장 점유율이 65%로, 베스트픽스보다 더 큽니다.

B 와! 그거 대단한데요!

A 블루투스를 사용하는 아이디어가 훌륭했습니다.

A 1 a digital camera   2 65%

3 using a bluetooth

Audio Script – B

36.mp3

A Our new product is coming onto the market next week.

B Wow! You finally made it! I heard that it took more than one year to develop it. What is different from the previous model?

A Several functions have been added.

B Please let me know them in detail.

A I can't tell you right now. We will keep them confidential until it's on the market.

B Come on! Does it have something to do with the Internet?

A Yes, it does. Please don't ask me any more.

A 우리 신제품이 다음 주에 시장에 나옵니다.

B 와! 드디어 해냈군요! 개발하는 데 1년 이상이 걸렸다고 들었습니다. 이전 모델과 다른 점이 뭐죠?

A 몇몇 기능이 추가되었어요.

B 좀 더 자세히 알려 주세요.

A 지금 당장은 말씀드릴 수가 없어요. 시장에 나올 때까지 기밀이에요.

B 그러지 말고요! 인터넷과 관련이 있는 건가요?

A 네, 맞아요. 더 이상은 묻지 마세요.

B 1 next week   2 more than one year   3 the Internet

WEEK 08 \ 가격 전략과 목표 고객

Vocabulary Check-up _ p.75

A 1 ⓒ 2 ⓓ 3 ⓕ 4 ⓔ 5 ⓑ 6 ⓐ

B 1 tend to   2 less than   3 benchmarked / against

4 expand / into   5 turn our eyes to

C 1 target customers   2 competitors' prices

3 pricing strategy   4 serious customers   5 retail price

Conversation 1 가격 전략에 대해 말하기 _ p.76

37.mp3

A: 이제 그 상품의 가격을 결정해야 할 때입니다.

B: 맞아요. 재료비와 예상 수요를 고려할 때 가격은 100달러 선이어야 한다고 생각해요.

A: 그건 너무 높은 것 같은데요. 경쟁사들의 가격도 고려해야죠. 제가 현지 소매업체들을 대상으로 그들의 가격을 벤치마킹해 봤는데, 평균 80달러더 군요.

B: 그러나 우리 제품이 그 제품보다 기능이 더 많잖아요.

A: 알아요. 하지만 고객들은 더 싼 것을 사려는 경향이 있습니다.

B: 출시하기 전에 설문조사를 실시해서 최적의 소매가격을 찾는 게 좋겠어요.

A: 맞는 말입니다.

Conversation 2 목표 고객에 대해 논의하기 _ p.77   38.mp3

A: 음악 다운로드 서비스를 시작한 동기가 무엇이죠?

B: 사람들이 하루 종일 직장에서 컴퓨터를 사용하기 때문에 인터넷을 통해 음악을 듣기를 원한다는 것을 알았습니다. 그래서 이 서비스를 개발해야겠다고 결심했죠.

A: 목표 고객은 누구인가요?

B: 우리의 목표 고객은 컴퓨터로 모든 음악에 접속하기를 원하는 음악 애호가들입니다.

A: 이 시장의 인구층은 어떻습니까?

B: 27세에서 40세입니다. 그러나 온라인 상으로 음악을 다운로드 받고자 하는 사람들은 누구라고 할 수 있죠. 또한 내년에는 아시아 시장으로 서비스를 확대할 겁니다.

Practice 1 Let's Speak _ p.78

A   1 ⓔ   2 ⓓ   3 ⓒ   4 ⓐ   5 ⓑ

B   1 take / into account   2 determine the price   3 target
4 tend to

C   1 ⓔ   2 ⓐ   3 ⓒ   4 ⓓ   5 ⓕ   6 ⓑ

Practice 2 Listen-up _ p.79

Audio Script – A   39.mp3

Amanda	Richard, I think our prices are too expensive compared to those of our competitors. We should be closing the price gap with them.
Richard	I'm not with you on that, Amanda. Our products are superior in terms of quality and performance. So we can't reduce our prices. How about making a TV commercial to boost our sales?
Amanda	That sounds nice. However, people don't see our products as premium products any longer. Please consider adjusting our prices.
Richard	I'm sorry, but there is no room to lower them.

Amanda	리처드, 우리 가격이 경쟁사들에 비해 너무 비싼 것 같아요. 그들과의 가격 차이를 줄여야 해요.
Richard	나는 그 점에 관해서는 당신에게 동의하지 않아요, 아만다. 우리 제품이 품질과 성능 면에서 더 우수합니다. 그래서 가격을 내릴 수 없어요. 매출을 올리기 위해 TV광고를 하는 것이 어떨까요?
Amanda	그거 좋은 생각이에요. 하지만, 사람들은 더 이상 우리 제품을 우수 제품으로 여기지 않아요. 가격 조정을 고려해 주세요.
Richard	미안하지만 가격을 낮출 여지는 없습니다.

A   1 less likely   2 more likely   3 less likely

Audio Script – B   40.mp3

A	Can you tell me about your target customers?
B	We are targeting people who don't know how to use mobile phones.
A	As far as I know, this mobile phone will be selling only in the U.S. Do you have any plans to sell it in other countries?.
B	We will focus on the U.S. market this year. And then, after adjusting some software, we will expand our business into Asian countries such as Japan and Korea

A	목표 고객에 대해서 말씀해 주시겠습니까?
B	저희는 휴대전화 사용법을 잘 모르는 사람들을 목표로 삼고 있습니다.
A	제가 아는 바로는 이 휴대전화가 오직 미국에서만 판매될 거라는데, 다른 나라에서 판매할 계획도 있나요?
B	올해에는 미국 시장에만 집중할 겁니다. 그러고 나서, 소프트웨어를 조정한 후에 일본, 한국과 같은 아시아 국가로 사업을 확장할 것입니다.

B   1 People who don't know how to use mobile phones.
2 a mobile phone   3 the U.S. market

Audio Script – C   41.mp3

A	We should focus more on Asia than Europe.
B	Why?
A	European shoppers are reluctant to open their purses due to their dwindling incomes. On the contrary, Asian shoppers are enjoying growing economies and are keen to buy luxury handbags.
B	Who will be our target customers?
A	Our target customers are ladies who have modern styles and are sensitive to trend changes.
B	How about the demographics of the market?
A	It ranges in age from people 30 to 40 years old who are single and are earning decent money.

A	우리는 유럽보다는 아시아에 더 집중해야 합니다.
B	왜죠?
A	유럽 쇼핑객들은 적어진 수입 때문에 좀처럼 지갑을 열려고 하지 않습니다. 대조적으로, 아시아 쇼핑객들은 성장하는 경제를 즐기면서 고급 핸드백을 사는 데 관심이 아주 높아요.
B	누가 우리의 목표 고객이 되나요?
A	우리의 목표 고객은 현대적인 스타일을 지니고 유행 변화에 민감한 여성들입니다.
B	시장의 연령대요?
A	싱글이면서 상당한 돈을 잘 버는 30대에서 40대입니다.

C   1 We should focus more on
2 will be our target customers
3 the demographics of the market
4 It ranges in age from people 30 to 40 years old

WEEK 09 \ 유통 경로와 시장 조사

Vocabulary Check-up p.81

A   1 ⓓ   2 ⓔ   3 ⓐ   4 ⓑ   5 ⓕ   6 ⓒ

B   1 are inclined to   2 signed a contract   3 test-market
4 distributor   5 be reconsidered

C   1 focus group meeting   2 respondents
3 distribution channels   4 questionnaires / between
5 brand preference

Conversation 1 제품의 유통 경로 p.82

42.mp3

A: 더 많은 고객을 확보하기 위해 제품의 유통 경로를 늘릴 필요가 있어요. 웹사이트를 구축하는 것은 어떨까요? 그렇게 되면, 여행객들이 웹사이트를 통해 여행 패키지를 살 수 있을 겁니다.

B: 오, 정말 좋은 생각이에요! 점점 더 많은 여행객들이 온라인으로 여행 패키지를 사려는 경향을 보이더라고요.

C: 그 외에, TV 홈쇼핑 채널에서 상품을 판매하는 것을 제안합니다. 이것이 우리의 최신 여행 패키지들의 부진한 판매를 반전시킬 것이라고 굳게 믿습니다.

A: 맞아요, 에어 여행사가 TV 홈쇼핑 채널을 통해서 광고를 시작한 후에 매출이 현저하게 증가했다고 들었어요. 최대 TV 홈쇼핑 채널인 TG 홈쇼핑과 협상해 봅시다.

Conversation 2 시장 조사에 대해 말하기 p.83

43.mp3

A: 작년에 출시된 상품이 전혀 팔리지 않고 있어요.

B: 알고 있어요. 우리가 고객들이 무엇을 원하는지 모르는 게 문제인 것 같아요.

A: 시장조사를 해보는 것이 어떨까요? 고객들 의견을 제품에 반영하는 것이 유일한 최선의 방법이라고 생각해요.

B: 그 점에 동의합니다. 그러면 마케팅 리서치 회사를 고용해야 할 텐데요. 마음에 둔 회사 있어요?

A: 네, 마켓트렌드가 가장 믿을 만한 회사입니다. 그리고 서울에 사는 20대에서 30대까지의 젊은 여성을 대상으로 조사를 실시 해야 할 것 같습니다. 그들이 주요 소비자이니까요.

B: 그렇군요. 또 그 회사에게 포커스 그룹 미팅을 열도록 요청해야 해요.

Practice 1 Let's Speak p.84

A 1 create / establishing   2 have no idea / conduct
3 marketing survey / of   4 selling well / are inclined to
5 selling through / in mind

B on the market / sales performance / selling strategy /
distribute / contracted with / aggressively promoting

Practice 2 Listen-up p.85

Audio Script – A

44.mp3

Jina: The launch of the "RadioStar" is three weeks away from today. Are you done with the market research, including a focus group meeting?

Mike: Yes. We selected a group of 10 people who are pretty interested in the Internet radio service.

Jina: How did they respond to our Internet radio service?

Mike: Only two out of 10 people didn't feel any difference between our service and other services. However, the others said that our service is a lot faster at streaming music.

Jina: Oh, that's music to my ears. What's our target market by the way?

Mike: Our target market this year is the United States and Canada. We will test-market our service in those two nations and collect feedback from our service users.

Jina: How about next year?

Mike: We will expand our service into the Asian markets such as Korea, Japan, and China.

Jina: Sounds like a plan, Mike.

Jina: '라디오스타'의 출시가 오늘로부터 3주 남았네요. 포커스 그룹 미팅을 포함한 시장 조사는 끝냈나요?

Mike: 네. 인터넷 라디오 서비스에 관심이 많은 10명을 그룹으로 선발했어요.

Jina: 우리 인터넷 라디오 서비스에 대해 어떻게 반응하던가요?

Mike: 10명 중 두 명만이 우리 서비스와 다른 서비스들 간의 차이를 느끼지 못했어요. 하지만 다른 사람들은 우리 서비스가 음악 스트리밍에 있어서 훨씬 빠르다고 하더군요.

Jina: 와, 그거 듣기 좋은 소식이네요. 그러면 우리의 목표 시장은 뭐죠?

Mike: 올해 우리의 목표 시장은 미국과 캐나다입니다. 이 두 나라에서 시험 서비스를 해 보고 사용자들로부터 반응을 살필 겁니다.

Jina: 내년에는요?

Mike: 한국, 일본, 중국과 같은 아시아 시장으로 서비스를 확장할 계획입니다.

Jina: 좋습니다, 마이크.

A-1 1 three weeks from today   2 8 people
3 the United States and Canada

A-2 1 T   2 T   3 F

Audio Script – B

45.mp3

A: Through which distribution channels will our leather bags be distributed in Korea?

B: Well, there are various ways to distribute them. However, I think selling online would be more convenient and eventually more lucrative than any other methods.

A: Is there any reason for that?

B: As you might know, Korea's Internet infrastructure is superior to most other countries.

A: I see.

B: Also, they are inclined to buy stuff online, because they don't have to deal with the pushy salespeople.

A: Okay, that makes perfect sense.

B: In addition to that, we will sell them on a TV home shopping network.

A: 한국에서는 어떤 유통 채널을 통해 우리 가죽가방이 유통됩니까?

B: 음, 유통시키는 방법은 다양하죠. 그러나 인터넷 판매가 어떤 다른 방법보다도 더 편리하고 결국에는 다른 방법들보다 더 큰 수익을 가져온다고 생각합니다.

A: 무슨 이유라도 있나요?

B: 아실지 모르지만, 한국의 인터넷 기반은 대부분의 다른 나라들보다 훌륭합니다.

A: 그렇군요.

B: 또 한국인들은 인터넷으로 물건을 사려는 경향이 있는데, 밀어붙이는 판매원들을 상대하지 않아도 되기 때문이죠.

A: 그렇군요, 그거 말 되네요.

B: 그것과 더불어 저희는 TV 홈쇼핑을 통해서도 제품을 판매할 겁니다.

B 1 Through which distribution channels   2 be distributed
3 selling online would be more convenient

4 Internet infrastructure is superior to
5 they are inclined to   6 on a TV home shopping network

PLUS WEEK \ 제품 홍보와 브레인스토밍

Vocabulary Check-up p.87

A 1 ⓒ 2 ⓔ 3 ⓑ 4 ⓕ 5 ⓓ 6 ⓐ

B 1 putting / classified ads 2 focus on 3 ways / promote
4 take risks 5 strengthen / competitiveness

C 1 promotional products (advertising specialities)
2 differentiation strategies 3 TV commercial
4 competitive advantage 5 brand image

Conversation 1 홍보에 대해 말하기 p.88   46.mp3

A: 우리의 신약이 다음 달에 시장에 출시됩니다. 어떻게 홍보할지 생각해 보
셨나요?

B: 다양한 방법이 있겠지만, 우리의 마케팅 예산을 고려해야 해요.

A: 그건 걱정하지 않아도 돼요.
판촉을 위해 회사가 십만 달러를 예산으로 책정했거든요.

B: 와, 우리 회사가 이렇게 후한지 몰랐네요! 지역신문에 광고를 하는 게 어때
요?

C: 펜이나 열쇠고리 같은 홍보용 제품을 만드는 것은 어떻습니까?

D: 네. 더 중요한 것은 이번에 TV 광고를 만들어야 한다는 겁니다.
텔레비전은 시각효과라는 강력한 이점을 가지고 있잖아요.

Conversation 2 브레인스토밍 p.89   47.mp3

A: 우리 회사가 왜 적자로 고생하는지 모르겠습니다.

B: 그래서 우리가 여기 모였죠. 우리 회사의 전략에 대해 자유롭게 얘기해 보고
싶습니다. 우리 회사의 지속적인 경쟁 우위점이 무엇이라고 생각하세요?

A: 우리의 강점은 생산능력이라고 생각합니다.

B: 바로 그 점이 문제예요. 더 이상 제조업체로만 머물러서는 안 됩니다.
우리의 초점을 연구개발로 옮겨서 확실히 경쟁력을 강화해야 해요.

A: 그건 좀 위험할 텐데요.

B: 위험을 무릅쓰지도 않고 어떻게 일류 회사가 될 수 있겠습니까?
우리는 반도체를 전문화해야 합니다.

Practice 1 Let's Speak p.90

A 1 put an ad in the paper
2 They made a TV commercial this time.
3 improved our brand image by lowering the defect rates
4 brainstorm our brand strategy
5 be specializing in innovative IT products
6 budgeted $100,000 for promotional products

B 1 ⓒ 2 ⓓ 3 ⓑ 4 ⓐ 5 ⓔ 6 ⓕ

Practice 2 Listen-up p.91

Audio Script – A   48.mp3

A We've decided to make a promotional product for the
new color printer.

B Really? What kind of promotional product do you
have in mind?

A I think a mouse pad would be appropriate.
What do you think?

B That's not bad. But I think it has nothing to do with
the printer.

A Do you think so? Then what do you think would be
good?

B How about a box of printer paper?

A Hmm… I think that's too heavy.

A 신규 컬러 프린터를 위한 홍보물을 제작하기로 결정했어요.

B 정말요? 어떤 홍보 제품을 염두에 두고 있는데요?

A 마우스 패드가 적당할 것 같아요. 어떻게 생각해요?

B 나쁘지 않아요. 그런데 프린터와는 아무 관련이 없는 것 같은데요.

A 그렇게 생각해요? 그러면 뭐가 좋을까요?

B 프린터 용지 한 상자는 어떨까요?

A 흠… 그건 너무 무거운데.

A make a promotional product / do you have in mind /
would be appropriate / it has nothing to do with /
what do you think would be good / How about

Audio Script – B   49.mp3

Dave Our strength is our ability to take full advantage
of our human resources.

Jane Yes. That's why we are always trying to hire,
recruit, and retain the best people.

Dave But the problem is that's our only strength.
We need to develop another strength to survive
the tough competition.

Jane You bet, Dave. In my opinion, our research and
development might be one.

Dave But that's the same as our competitors. I think
we should strengthen our marketing ability
instead.

Dave 우리의 강점은 우리의 인적 자원을 충분히 활용하는 능력에 있습니다.

Jane 네. 그게 바로 우리가 늘 최고의 인력을 고용하고 유지하려고 노력하는
이유죠.

Dave 그런데 문제는 그게 우리의 유일한 강점이라는 거죠. 이 심한 경쟁에서
살아남으려면 또 다른 강점을 개발할 필요가 있어요.

Jane 맞아요, 데이브. 제 생각에는, 우리의 R&D가 강점이 될 수 있을 것 같아요.

Dave 하지만 그건 다른 경쟁사들과 같은 거잖아요. 저는 대신에 마케팅 능력을
강화해야 한다고 생각해요.

B 1 human resources 2 No, they don't.
3 marketing ability

Audio Script – C 50.mp3

A Well, I believe it's time to rethink our sales promotion strategy.

B I agree. Naturally, our customers' expectations are shaped in large part by what others in our industry are doing.

A I know. That's why I asked you to benchmark our competitors. Are you done?

B Yes. I benchmarked Jim's Club, which is our biggest rival.

A Did you find something new yet?

B Yes, They are doing buy-one-get-one-free promotions in New York.

A I didn't know that.

B So we are planning to make some promotional giveaway products like key rings.

A That's a good idea. Please execute the plan as rapidly as possible.

A 우리의 판매 홍보 전략을 다시 생각해 볼 시기인 것 같습니다.

B 동의합니다. 일반적으로 고객의 기대치는 주로 업계의 다른 주자들이 시행하고 있는 것에 의해 형성되죠.

A 알고 있습니다. 그게 당신에게 경쟁사들을 벤치마킹 하라고 한 이유에요. 다 끝냈나요?

B 네. 우리의 최대 라이벌인 짐스 클럽을 벤치마킹했습니다.

A 새로운 것을 좀 발견했나요?

B 네, 그들이 뉴욕에서 하나 사면 하나 더 주는 홍보를 하고 있더라고요.

A 그걸 생각 못했네요.

B 그래서 우리도 열쇠고리와 같은 홍보 제품을 만들 계획입니다.

A 좋은 생각이에요. 가능한 빨리 그 계획을 실행에 옮기세요.

C 1 F 2 T 3 F

PART 4 \ 재정 및 금융
Money and Finance

WEEK 10 \ 인수 합병

Vocabulary Check-up p.97

A 1 ⓒ 2 ⓑ 3 ⓐ 4 ⓕ 5 ⓔ 6 ⓓ

B 1 suffering from 2 concerned about
3 continues / struggle 4 turn out / in terms of
5 turn / around

C 1 merger with 2 expand / operations 3 create synergy
4 restructure / profits 5 monopoly / take over

Conversation 1 사업현황 논의하기 p.98 51.mp3

A: 비즈니스 뉴스에서 iBooks 분기 수익이 예상에 미치지 못할 것이라고 발표했어요.

B: 문제가 뭐죠?

A: 사실 iBooks는 계속해서 수익 창출에 어려움을 겪고 있어요. 이미 출판업계의 낮은 수익마진과 온라인 서점들과의 경쟁이 치열해지면서 고전하고 있죠.

B: 안됐네요. 그들에게 상황을 호전시킬 계획은 있나요?

A: 최고재무경영자가 매출 증대의 일환으로 고객 인센티브 프로그램을 홍보하고 있다고 하더군요.

B: 그들의 노력이 효과를 보고 있나요?

A: 안타깝게도 고객들은 큰 관심을 보이지 않고 있어요.

Conversation 2 합병 논의하기 p.99 52.mp3

A: KS텔레콤이 TK텔레콤과 합병한다는 뉴스 들었어요?

B: 예, 오늘 아침 TV에서 들었어요. 사실, KS는 합병을 결정하기 전부터 미국에서 영업을 확대하려고 했어요. 그러니 KS는 TK와 합병함으로써 미국 내에서 더 많은 돈을 벌 수 있을 거예요.

A: 사실 TK는 요즘 재정적인 문제가 있어서 회사를 팔려고 기회를 보던 중이었어요.

B: 만일 합병하면 두 회사 사이에 확실히 많은 시너지가 발생하겠네요.

A: 맞는 말이에요. 그리고 KS는 매출 규모 면에서 결국 한국에서 가장 큰 회사가 될 겁니다.

B: 아, 그럼요. 그런데 몇몇 사람들은 정보통신 업계에서 KS의 독점에 대해 걱정하고 있습니다.

Practice 1 Let's Speak p.100

A 1 The HK Company is suffering from its slim margins.
2 Do you have any plans to turn things around?
3 The OFIS Company is closing its 120 stores in a move to restructure its operations.
4 Did ZP Motors complete its merger with CM Motors?

B 1 ⓕ 2 ⓐ 3 ⓓ 4 ⓔ 5 ⓖ 6 ⓗ 7 ⓒ 8 ⓑ

Audio Script – A
53.mp3

A I'm concerned about the current market situation. There are too many players in this market.

B Besides, many start-up companies are slashing their prices to gain market share.

A How can we survive this fierce competition?

B Actually, our sales are getting reduced, and market share is remarkably decreasing these days.

A I know. I think we should expand our operations abroad.

B Good thinking.

A Let's have a meeting tomorrow to tackle our problems.

A 저는 현재의 시장 상황이 걱정됩니다. 이 시장에 너무 많은 회사들이 있어요.

B 게다가 많은 신생회사들이 시장 점유율을 올리려고 가격을 깎아내리고 있어요.

A 이런 치열한 경쟁에서 우리가 어떻게 살아남죠?

B 사실, 요즘 우리 매출이 줄고 있고 시장 점유율이 현저하게 감소하고 있어요.

A 알아요. 제 생각에 해외로 진출해야 할 것 같아요.

B 좋은 생각이에요.

A 문제를 해결하기 위해 내일 회의를 소집하죠.

A 1 F 2 T 3 T 4 F

Audio Script – B
54.mp3

A Did you hear that the SM Company merged with the ER Company?

B Yes, I did. So the new company has become the largest oil company in the world.

A Yeah, I think it will monopolize the oil market for the next few decades. So oil prices will soar.

B I'd rather use public transportation instead of driving my car.

A SM 사가 ER 사와 합병한다는 얘기 들었어요?

B 네, 들었어요. 그래서 그 새로운 회사는 세계에서 가장 큰 정유회사가 됐네요.

A 네. 앞으로 몇 십년 간은 석유시장을 독점하겠는데요. 그러면 석유 가격이 오르겠죠.

B 차를 끌고 다니느니 대중교통을 이용하는 것이 낫겠어요.

B 1 have merged 2 soar

Audio Script – C
55.mp3

A I heard that Pear Computer is suffering from severe financial problems.

B Yeah, I saw the news in a morning newspaper.

A What do you think they've got to do to survive?

B Well, in my opinion, they have no choice but to sell their company.

A I think so, too. Actually, I also heard that Banana Computer is trying to merge with Pear Computer.

B Really? Are you sure?

A Yeah. Why are you so surprised?

B If they merge, there is no doubt there will be massive layoffs. A friend of mine is working at Banana Computer. I hope he can stick around.

A 페어 컴퓨터가 심각한 재정 문제로 고통받고 있다고 들었어요.

B 예, 조간신문에서 뉴스를 봤어요.

A 그들이 생존하기 위해 어떻게 해야 한다고 생각하세요?

B 글쎄요, 제 생각에는 회사를 매각하는 수밖에 없을 것 같은데요.

A 저도 그렇게 생각해요. 사실 바나나 컴퓨터가 페어 컴퓨터와 합병하려고 한다는 소식도 들었어요.

B 정말요? 확실해요?

A 네. 왜 그렇게 놀라세요?

B 합병하면 대량 해고가 있을 게 뻔하니까요. 제 친구가 바나나 컴퓨터에서 일하거든요. 그 친구가 붙어있을 수 있으면 좋겠네요.

C suffering from severe financial / What do you think / survive / sell their company / merge with / so surprised / If they merge / massive layoffs

---

WEEK 11 \ 예산과 인플레이션

Vocabulary Check-up p.103

A 1 ⓓ 2 ⓔ 3 ⓐ 4 ⓕ 5 ⓒ 6 ⓑ

B 1 picking up 2 contribute to / unemployment rate
3 planning to / budget 4 overspent by 5 increase in

C 1 CPI 2 curb inflation 3 fiscal year 4 stabilize inflation
5 exports / imports / trade deficit

Conversation 1 예산 논의하기 p.104
56.mp3

A: 작년에 우리가 마케팅에 1백만 달러를 예산으로 잡았는데, 예산을 초과해서 2만 달러를 더 썼더라고요.

B: 새 자동차를 홍보하는 TV광고에 너무 많은 돈을 썼기 때문일 거예요.

A: 올해는 마케팅 예산을 늘렸으면 좋겠어요.

B: 그럼, 수익의 어느 정도를 광고에 할당해야 할까요?

A: 보통은 사업 횟수, 매출 규모 등에 따라 달라지겠죠. 얼마나 공격적으로 마케팅을 하느냐에 달렸지만, 총 수익의 25%~35%가 적당하다고 봅니다.

B: 좋습니다. 그럼 우리의 예상 매출을 토대로 마케팅 예산 계획을 한번 자세하게 짜 보세요.

Conversation 2 물가와 인플레이션 p.105
57.mp3

A: 인플레이션이 여전히 러시아 정부의 주요 걱정거리인 것 같아요. 인플레이션이 올해 공식 목표인 2%를 초과해서 5.3%예요.

B: 저는 물가를 상승시킨 주요 요인들 중 하나가 관세의 인상이라고 생각합니다. 또 다른 문제는 석유가격의 상승이죠. 이로 인해 인플레이션이 올라갔을 수도 있어요.

A: 인플레이션 통제를 위해 러시아 정부가 뭘 해야 한다고 생각하세요?

B: 인플레이션을 억제하는 가장 효율적인 방법 중 하나는 '안정화 기금'이라고 생각해요.

A: 2021년에 석유가격을 올리겠다는 정부의 결정은 어떻게 생각하세요?

B: 그 결정이 인플레이션을 가속화할까봐 두렵습니다.

Practice 1 Let's Speak p.106

A 1 ⓒ 2 ⓐ 3 ⓑ 4 ⓓ

B 1 contribute to 2 over budget 3 major source / concern
4 accelerate deflation

Practice 2 Listen-up p.107

Audio Script – A

58.mp3

A Our current inflation rate is 5.6% up from last year's 3.8%.

B That's too high. I think our government should raise the interest rates.

A Yeah, I firmly believe that the average interest rate must be around 5%.

B But the government has no intention of raising them.

A Besides, I don't see why meat prices are now skyrocketing.

B The reason is that our government is imposing a high tariff on meat imports.

A That's why nobody trusts the government.

B How much has the government budgeted for infrastructure in 2021-22?

A They haven't announced it yet. We will see tomorrow.

A 현재 인플레이션이 작년 3.8%에서 증가한 5.6%예요.
B 너무 높네요. 정부가 이자율을 올려야 할 것 같아요.
A 네, 평균 이자율이 5% 선에서 유지되어야 할 것이라고 확신해요.
B 그러나 정부는 이자율을 올리려는 의향이 없어요.
A 게다가 고기 가격이 왜 이렇게 폭등하는지 모르겠어요.
B 그 이유는 정부가 고기 수입에 높은 관세를 부과하기 때문이에요.
A 그러니까 아무도 정부를 안 믿죠.
B 정부가 2021–22년도 사회기반 사업에 얼마를 예산으로 잡았나요?
A 아직 발표를 안 했어요. 내일이면 알겠죠.

A-1 5.6% / 3.8% / 5%

A-2 1 is imposing a high tariff on meat imports.
2 No, they don't. 3 tomorrow

Audio Script – B

59.mp3

Andrea We should aggressively advertise this science fiction novel. As you know, this novel is supposed to become a movie next year, so it has the potential to be a blockbuster.

Jane I think so, too. Do you know how much the company has budgeted for advertising this novel?

Andrea Yeah, only 25,000 dollars have been budgeted for that.

Jane Really? Do you think it's enough?

Andrea Not at all. We are on a tight budget. Actually I was on my way to the Finance Department to ask for more.

Jane I hope they can increase the advertising budget for this novel this time.

Andrea I think they will accept my request since they already know how important this book is to our company.

Jane Good luck, Andrea.

Andrea 우리는 이 공상과학 소설을 공격적으로 광고해야 해요. 알다시피 이 소설은 내년에 영화화될 예정이라 히트작이 될 잠재력이 있어요.

Jane 저도 그렇게 생각해요. 이 소설을 광고하는 데 회사가 얼마를 예산으로 편성했는지 아세요?

Andrea 네, 겨우 2만 5천 달러를 예산으로 잡았어요.

Jane 정말요? 그게 충분하다고 생각해요?

Andrea 전혀 아니죠. 예산이 너무 빠듯해요. 사실 더 요청해 보려고 재무과에 가던 길이었어요.

Jane 이번만큼은 이 소설의 광고 예산을 늘렸으면 좋겠네요.

Andrea 이 책이 우리 회사에 얼마나 중요한지 재무과도 이미 알고 있으니 이번에는 제 요청을 받아들이겠죠.

Jane 행운을 빌어요, 안드레아.

B We should aggressively advertise / the potential /
how much the company has budgeted /
on a tight budget / I hope they can increase /
accept my request

WEEK 12 \ 재정 상황 협의하기

Vocabulary Check-up p.109

A 1 ⓔ 2 ⓓ 3 ⓑ 4 ⓕ 5 ⓒ 6 ⓐ

B 1 looking forward to 2 Looking ahead 3 amounted to
4 repay its debts 5 played a big part

C 1 bankruptcy protection 2 balance sheet
3 interest rates / change 4 financial report 5 net profit

Conversation 1 부도에 대해 얘기하기 p.110

60.mp3

A: GX 건설이 결국 파산 보호를 신청했습니다. 타임 지에 따르면 만기가 지난 23억 원을 상환하지 못했다네요.

B: 안됐군요. 그 회사는 뭐가 문제였던 거죠?

A: 작년에 완공한 아파트들이 아직 다 팔리지 않아서 재정적으로 어려움을 겪고 있대요.

B: 그렇군요. 그쪽 재정 상태가 어떤가요?

A: 작년 매출이 6백8십억 원에 이르렀는데, 2019년에 비하면 35% 감소한 것이에요. 순수익도 6억7천만 원에서 1억2천만 원으로 떨어졌어요.

B: 올해 초에 몇몇 주택회사들이 미분양 주택 때문에 부도가 났었죠.

A: 네, 더 많은 회사가 부도날 가능성이 아주 높아요.

Conversation 2 재무제표에 대해 얘기하기 p.111   61.mp3

A: 오늘 에이스 테크노가 올해 3사분기 실적을 발표했습니다.

B: 드디어 했군! 투자자들이 정말 보고 싶어했었죠.

A: 6천1백만 달러의 순수익을 기록했더군요. 매출은 지난해 3사분기보다 30% 상승한 20억 달러였습니다.

B: 오, 생각했던 것보다 훨씬 좋네요. 해외 매출은 어때요?

A: 해외 매출이 분기 매출의 43%를 차지했어요.

B: 분기 동안 아주 잘했네요.

A: 4사분기를 예상하자면, 그들은 21억 정도의 매출을 기대하고 있어요.

B: 음악 서비스 시장의 지속적인 성장이 에이스의 성장에 커다란 역할을 하고 있다고 생각해요.

A: 맞아요.

Practice 1 Let's Speak p.112

A 1 Did you know that the Beach Hotel went bankrupt yesterday? / So they filed for bankruptcy protection this morning.
2 AllStar Group announced its financial results today. / Their domestic sales accounted only for 10% of their total revenue.

B financial results / second quarter / Revenue / projections / slight decline / continued growth / played a big part

Practice 2 Listen-up p.113

Audio Script – A   62.mp3

A PPTA Pizza announced its financial performance for last year. It recorded a net profit of $45 million. Revenue was $1.5 billion, up 24 percent from the year before last year.

B That's much better than I had anticipated. How about our overseas sales?

A They amounted to $25 million, accounting for 23% of our total sales.

B We performed very well.

A Yeah, it is largely due to the strong sales of our web-based catering service.

A PPTA 피자가 작년도 재정 실적을 발표했어요. 순수익 4천 5백만 달러를 기록했더군요. 수입은 재작년에서 24% 증가한 10억 5천 달러이고요.

B 제가 예상했던 것보다 훨씬 좋네요. 우리 해외 매출은 어때요?

A 2천 5백만 달러에 달하네요. 우리 전체 매출의 23%를 차지해요.

B 무척 잘했네요.

A 네, 이는 인터넷기반 음식 주문 서비스의 좋은 매출 덕분입니다.

A 1 The financial performance of a company
2 $45 million 3 23% 4 Yes, they are.
5 a web-based catering service

Audio Script – B   63.mp3

A The cosmetics manufacturer closed down operations and began liquidating its assets.

B Really? I don't see why they went bankrupt. I thought they were very stable financially.

A Somebody sued the company for the products containing toxic materials.

B Oh, I'm sorry to hear that.

A 그 화장품업체가 문을 닫고 자산을 정리하기 시작했어요.

B 정말이요? 그 회사가 왜 부도가 났는지 이해가 안 되네요. 재정적으로 아주 안정적이라고 생각했는데.

A 누군가가 유독성 물질을 포함한 제품이 있다고 고소했답니다.

B 아, 그거 안됐군요.

B 1 liquidating 2 went bankrupt 3 sued

Audio Script – C   64.mp3

A Our company posted a net profit of $5 million for the first half of this year.

B That's not good. It was $7.7 million for the first half of last year. How about the international sales?

A They increased to $2.5 million, accounting for 32% of the company's total sales this year.

B Wow, we did a good job of increasing them.

A 우리 회사가 올해 상반기에 5백만 달러의 순수익을 기록했어요.

B 그다지 좋지 않군요. 작년 상반기에는 7백 7십만 달러였거든요. 해외 판매는 어때요?

A 2백 5십만 달러로 올해 회사 전체 매출의 32%를 차지합니다.

B 와우, 아주 잘했군요.

C posted a net profit of $5 million /
How about the international sales /
accounting for 32% of the company's total sales /
we did a good job

PLUS WEEK \ 투자 계획 논의하기

Vocabulary Check-up p.115

A 1 ⓒ 2 ⓓ 3 ⓔ 4 ⓕ 5 ⓐ 6 ⓑ

B 1 lead to 2 invest in 3 optimistic about 4 fell by
5 fastest growing

C 1 stock market / share price 2 potential markets
3 take into / profitability 4 return / investment
5 raise funds

Conversation 1 투자 계획 논의하기 p.116   65.mp3

A: 제 생각에는 중국에서의 생산력을 두 배로 확대해야 해요.

B: 하지만 그렇게 하면 중국 시장에서 자동차 제조업체들 간의 아주 심한 경쟁을 초래하게 될지도 몰라요.

A: 그렇지만 그게 증가하는 자동차 고객의 수요를 맞추는 유일한 방법이에요.

B: 흠…

A: 또한 R&D 시설과 자동차 금융산업에도 투자하는 것을 생각해 볼 필요가 있습니다.

B: 하지만 중국정부는 우리 같은 소수의 거대 기업들 때문에 경쟁력이 없는 회사들이 쓰러지는 것에 대해 우려하고 있어요.

A: 이봐요, 중국은 가장 빠르게 성장하는 자동차 시장입니다. 다른 어느 곳에 돈을 투자하시려고요? 제 투자 제안서를 신중히 검토해 주시길 바랍니다.

Conversation 2 주식 시장에 무슨 일이? p.117   66.mp3

A: 킹도너츠의 주가가 38% 폭락했다는 것 들었어요?

B: 네, 오늘 아침에 데일리뉴스닷컴에서 들었어요.

A: 주식시장이 또 슬럼프예요. 실업률도 치솟고 있고요. 다우존스 산업평균지수가 거의 340포인트, 약 2.5퍼센트 떨어졌어요. 현재의 시장 혼란은 경제 거품이 있었던 1987년과 비슷한 것 같아요.

B: 오늘 뉴욕증권거래소에서, 거래량이 14억 주를 기록하면서 내려간 주식이 올라간 주식보다 3대1 이상의 비율로 많더군요. 하지만 앞으로 2~3주 동안 주식시장이 회복될 것이라고 생각해요.

A: 현 주식시장 상황에 대해 너무 낙관하시네요.

Practice 1 Let's Speak p.118

A
1 review / investment proposal / economic bubbles
2 overseas factories / return on investment
3 opinion / production capacity / invest / money
4 high-flying stock plunged / rally

B
1 I bought 500 shares of the company. / I heard that it's one of the blue chips. / I'm also planning to invest in some mutual funds.
2 Their labor costs are cheaper than in other countries though. / I think they must seriously review their investment plan.

Practice 2 Listen-up p.119

Audio Script – A   67.mp3

Richard	We should invest in R&D by hiring competent engineers. I believe that people are the best investment.
Jina	Are you trying to say our engineers are not competent, Richard?
Richard	No, I'm not. But it's true that we lack engineers who can lead innovative research and development.
Jina	I agree with you on that. But my concern is that management is not interested in R&D.
Richard	I know, but I firmly believe that our return on investment in R&D will be huge.
Jina	I agree with you on that. As you know, our company's stock price is $7.5 That's down from last quarter's $10.9.
Richard	To me, it's not a surprise at all. As I told you, our R&D is not as competitive as that of our rivals.
Jina	What else do you think we should invest in?
Richard	I think we should invest in overseas factories as well to double our production capability.

Richard	유능한 엔지니어들을 고용해서 R&D에 투자해야 해요. 사람이 최고의 투자라고 생각합니다.
Jina	우리 엔지니어들이 유능하지 않다는 얘기인가요, 리처드?
Richard	그건 아니에요. 하지만 혁신적인 연구개발을 이끌 엔지니어가 없는 것은 사실이죠.
Jina	그 점에는 동의합니다. 그렇지만 경영진은 R&D에 관심이 없다는 게 우려됩니다.
Richard	알아요, 하지만 연구개발에 투자한 대가는 엄청날 것이라고 확신합니다.
Jina	동감이에요. 알다시피 우리 주가가 7.5달러예요. 지난 분기 10.9달러에서 떨어진 거라고요.
Richard	저한테는 별로 놀라운 일은 아니네요. 제가 말했듯이, 우리 R&D는 다른 경쟁사들만큼 경쟁력이 없어요.
Jina	그밖에 어디에 우리가 투자를 해야 할까요?
Richard	우리의 생산 능력을 두 배로 키우기 위해 해외 공장에도 투자해야 한다고 생각해요.

A-1
1 R&D and overseas factories.
2 R&D is not as competitive as its rivals.

A-2   1 F   2 T   3 T

Audio Script – B   68.mp3

Monica	Are you investing in stocks?
Neil	Of course, I am. The stock market is the place to go to make money. At least it's better than the lottery. Why are you asking that?
Monica	Well, I'm just concerned about what's going on with the stock market.
Neil	Why?
Monica	The Standard & Poor's 500 Index fell three days in a row.
Neil	Don't fret about it. That's how it goes. You are always pessimistic about it.
Monica	I'm very serious this time. Did you hear that PH Electronics, one of the blue chips, plunged 65 percent? Many experts are saying the current market trends are very similar to what happened in 1997.
Neil	Don't take it too seriously. The stock market is going to rally for the next several weeks.
Monica	You are too optimistic, Neil.

Monica	주식투자 하세요?
Neil	당연히 하죠. 주식시장이야말로 돈 버는 데는 딱이니까요.
	적어도 로또보다는 낫잖아요. 왜 묻는 거죠?
Monica	그게, 주식시장 돌아가는 거 보니까 걱정이 돼요.
Neil	왜요?
Monica	스탠다드푸어 500지수가 3일 연속으로 떨어졌어요.
Neil	걱정하지 말아요. 원래 그런 거니까요. 당신은 항상 그 점에 비관적이군요.
Monica	이번엔 정말 심각해요. 우량주 중의 하나인 PH전자의 주식이 65%나 떨어졌다는 거 들었어요? 많은 전문가들이 현재의 시장 상황이 1997년과 비슷하다고 말하고 있어요.
Monica	너무 심각하게 받아들이지 말아요.
	주식시장은 2~3주 안에 곧 살아날 거니까요.
Neil	당신은 너무 낙관적이에요, 닐.

B
1 investing in stocks
2 make money
3 I'm just concerned about
4 three days in a row
5 pessimistic about it
6 the blue chips, plunged 65 percent
7 the current market trends
8 what happened in 1997
9 The stock market is going to rally
10 You are too optimistic

SPECIAL PART 비즈니스 이메일
Business E-mail

UNIT 01 제품에 관한 문의

Vocabulary Check-up p.125

A
1 informed that / released last week
2 wonder if / on time / under the budget
3 need to check if / Internet function
4 keen to / as soon as
5 how / looks

B
1 The Paris branch was established to distribute this year's new products.
2 The newly-developed program is working with the conventional network.
3 I want to know the specifications of the product that you introduced at the trade show.
4 An upgraded version of the Y computer comes onto the market at the end of this month.

Writing Exercise p.128

A
1 Our new equipment comes in sizes of 20GB, 60GB, and 100GB.
2 You can buy this product for half the retail price because you are a loyal customer.
3 I need to check if this merchandise is free of defects.
4 We are sorry to tell you that No.123 has run out of stock and will not be available until the end of October.
5 Please find the attached file about the product design that Amanda proposed a few days ago.
6 I was informed that prices vary according to the quantity ordered and the style.
7 Our company is keen on developing its products by partnering with GF Motors.

8 I wonder when our website will be advertised on TV.

B
1 The sample product you requested is not free of charge. / However, we will ship it by air at our expense.
2 Please refer to the attached file for details. / Please do not distribute the file without our permission.
3 If you have more questions, contact us at www.travelaround.com.

UNIT 02 주문하기

Vocabulary Check-up p.131

A
1 the purchase order   2 place an order
3 must be below   4 make sure that

B
1 I hear that you are designing a brand-new product.
2 Please let me know the price ASAP.
3 We must lower the price to compete with CK International.
4 The digital camera enters into MP on August.

Writing Exercise p.134

A
1 We should bring forward the shipping date of the brand-new beverage.
2 We are scheduled to place an order for 500 notebooks tomorrow.
3 Please fax the invoice ASAP so that we can open a letter of credit.
4 Frequent changes can delay the production schedule and can lead to errors in the final product.

5 FB's first independently developed sedan engine will enter into mass production this month.

6 I want you to keep the price of the product below $340.

7 We must compete with e-Mart's new service.

8 We'd be prepared to offer you a better price if you increased your order.

B 1 We can't clear customs / email them ASAP

2 enter into MP in June / we should keep the price below

3 We can't compete with our competitors / consider lowering the prices

UNIT 03 \ 대금 청구하기

Vocabulary Check-up p.137

A 1 clear up 2 is 30 days from 3 expect your payment
4 due / the following Monday

B 1 If we do not receive your payment within 10 business days, your sponsor link will be removed.

2 A wire transfer is fine if that is the most convenient payment method for you.

3 Thank you for your continued business with us!

Writing Exercise p.140

A 1 The due date is a week from tomorrow.

2 If your payment is overdue more than six weeks, then your account may be suspended without notice.

3 Please make a payment within 72 hours of purchase, or let me know your detailed payment schedule.

4 The total amount due on the invoice was miscalculated.

5 To receive a shipping discount, you must pay in one lump-sum payment within 7 days from today.

6 The merchandise will be shipped within 7 business days after the full payment has been received.

7 A money order is fine if that is the most convenient payment method for you.

8 Since I sent you a copy of the invoice with my last e-mail, I expect your payment by June 23.

B 1 the due date has passed / sent a duplicate invoice

2 Double click on / print out a hard copy

3 will be debited from your credit card / If you have any billing-related questions

UNIT 04 \ 불만사항 처리하기

Vocabulary Check-up p.143

A 1 was told that 2 attending to / call later 3 ask for
4 be issued with

B 1 If not satisfied with the product, customers have the right to request a reimbursement.

2 The service quality that FG Company provides is really terrible.

3 Contact the Customer Service Team using the online customer complaint form.

Writing Exercise p.146

A 1 I was told that the item I ordered a week ago hasn't been shipped out yet.

2 During the online ordering process, I am not given the option of printing my order sheet.

3 You will be issued with a WB tracking number so that you will be able to see where your item is at www.wherebout.com.

4 He asked for a refund for the order that could not be shipped as well as the extra shipping and handling cost he was charged for it.

5 I am disappointed with the delivery service and will think twice before ordering from you again.

6 All defective units must be returned to our call center before an exchange or refund is offered.

7 Unfortunately, our records show that this invoice is still outstanding.

8 We are considering filing a claim against the insurance company.

B 1 I am very disappointed / Please let me know what I have to do as soon as possible

2 It has now been 70 days since I placed my order / I still haven't received anything / of the actual date it was shipped

3 Sorry for the inconvenience / we are holding your order / If you have any questions

English for Business Communication 시리즈

General Business Practical Business International Business

General Business
Overview

PART 1 비즈니스 전화 Business Telephoning

Week	Title	Overview
WEEK 01	전화 걸고 받기 Making and Answering a Call	전화 관련 기본 어휘 익히기 to know basic vocabulary for telephone 전화 걸고 받기 to make & answer a call 전화 바꿔주기 to transfer a call
WEEK 02	메시지 남기고 받기 Leaving and Taking Messages	전화를 받을 수 없는 이유 말하기 to say why he or she is not in 언제 통화가 가능한지 묻기 to ask when he or she is available 메시지 남기고 받기 to leave or take a message
WEEK 03	잘못 걸린 전화와 자동응답기 Wrong Calls and Answering Machine	통화를 하려는 사람 찾기 to look for someone 잘못 걸린 전화에 대응하기 to respond to the wrong number 자동응답기에 용건 남기기 to leave a message to the answering machine
PLUS WEEK	통화 중 문제 발생과 국제전화 Problems with the Phone and International Calls	전화기 문제에 대처하기 when having problems with the phone 전화 통화 다음으로 미루기 to get back to someone later 국제전화 걸기 to make international calls

PART 2 사무실에서의 일상 업무 Daily Routines at the Office

Week	Title	Overview
WEEK 04	미팅 약속 정하기 Making an Arrangement for Meeting	약속 정하기 to set up an appointment 약속 변경하기 to reschedule an appointment 약속 취소하기 to cancel an appointment
WEEK 05	출퇴근 인사와 휴가 신청 Greeting at Work and Asking for Leave	아침 출근인사 하기 to greet in the morning when you get to work 조퇴 사유 말하기 to say why you leave work 휴가 신청하기 to asking for a day off
WEEK 06	감사와 격려 표현하기 Expressing Appreciation and Encouragement	감사와 축하 표현하기 to show appreciation and to congratulate someone 격려하기 to encourage someone 위로하기 to express one's condolences to someone
PLUS WEEK	사무기기 다루기 Dealing with Office Equipment	사무용품 빌리기 to borrow office supplies 컴퓨터 문제 해결하기 to troubleshoot a computer problem 복사기 문제 해결하기 to troubleshoot a photocopier problem

SPECIAL PART 비즈니스 이메일 Business E-mail

Unit	Title	Overview
UNIT 01	첫 비즈니스 이메일 보내기 Sending a Business E-mail for the First Time	이메일의 목적 말하기 to tell the purpose of e-mail 자기 소개하기 to introduce myself 맺음말 알기 to know the concluding remarks
UNIT 02	첨부파일 보내기 Enclosing an Attachment	첨부파일 보내기 to enclose an attachment 파일 여는 방법 알려주기 to tell how to view the file 유의사항 전달하기 to give previous notice

English for Business Communication 시리즈는 전 3권에 걸쳐
비즈니스 업무 진행에 필수적인 영어 표현들을 습득할 수 있도록 구성하였습니다.

PART 3 방문객 맞이하기 Welcoming Visitors

Week	Title	Overview
WEEK 07	공항에서 손님 맞이하기 Greeting Visitors at the Airport	• 공항에서 방문객 환영하기 to welcome visitors at the airport • 공항에서 호텔로 방문객 안내하기 to escort the visitor from the airport to the hotel
WEEK 08	비즈니스 미팅 준비하기 Preparing a Business Meeting	• 일정 확인하기 to check the itinerary • 동료 소개하기 to introduce colleagues • 명함 교환하기 to exchange business cards
WEEK 09	회사 소개와 공장 견학 Introduction of the Company and Tour of the Plant	• 회사 연혁 소개하기 to introduce the company's history • 회사의 수익 규모 소개하기 to tell about the company's profit • 회사 설비 구경시키기 to show around the company's facilities
PLUS WEEK	한국 문화 소개하기 Introducing Korean Culture	• 한국음식 소개하기 to introduce Korean food • 식사나 술자리 권하기 to invite visitors to dinner or drinks • 한국 관광지 소개하기 to introduce tourist attractions

PART 4 해외 출장 Business Trip

Week	Title	Overview
WEEK 10	공항 이용하기 Using the Airport	• 탑승 수속하기 to check in at the airport • 환전하기 to exchange money • 세관 통과하기 to go through Immigration and Customs
WEEK 11	교통수단 이용하기 Using Transportation	• 대중교통 수단 이용하기 to use public transportation • 길 물어보기 to ask directions • 차 렌트하기 to rent a car
WEEK 12	무역박람회 참가하기 Attending a Trade Show	• 무역박람회에 입장하기 to attend a trade show • 제품에 대해 묻기 to ask about the product • 카탈로그 및 견본 받기 to get catalogs or sample products
PLUS WEEK	호텔과 레스토랑 이용하기 Using Hotels and Restaurants	• 호텔 예약하기 to reserve a room at a hotel • 호텔 체크인하기 to check in at a hotel • 식당에서 주문하기 to order at a restaurant

Unit	Title	Overview
UNIT 03	미팅 약속 정하기 Setting up an Appointment for Meeting	• 미팅 약속 잡기 to set up an appointment for meeting • 날짜와 장소 정하기 to set a place and time for meeting • 약속 변경하기 to reschedule an appointment
UNIT 04	동료 간의 인사 메일 A Social E-mail Between Colleagues	• 축하 인사하기 to offer one's congratulations • 사과하기 to make an apology • 전근 알리기 to inform one's transfer

English for Business Communication 시리즈

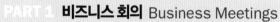

General Business **Practical Business** International Business

Practical Business
Overview

PART 1 비즈니스 회의 Business Meetings

Week	Title	Overview
WEEK 01	회의 소집 및 안건 소개 Calling a Meeting and Addressing the Agenda	■ 회의 관련 기본 어휘 익히기 Learning basic vocabulary for meetings ■ 회의 소집하기 Calling a meeting ■ 안건 소개하기 Introducing agenda items
WEEK 02	안건 토의하기 Discussing the Agenda	■ 효과적으로 회의 시작하기 Starting a meeting effectively ■ 의견 말하기 Expressing opinions ■ 안건에 대한 의견 묻기 Asking for opinions about the agenda
WEEK 03	회의 통제하기 및 끝맺기 Controlling and Wrapping up a Meeting	■ 끼어드는 법 익히기 Learning how to interrupt ■ 회의 통제하기 Controlling a meeting ■ 요약하고 회의 끝맺기 Summarizing and wrapping up a meeting
PLUS WEEK	동의하기 및 반대하기 Agreeing and Disagreeing	■ 동의 표시하기 Expressing agreement ■ 반대 표시하기 Expressing disagreement ■ 의견 강조하기 Emphasizing opinions

PART 2 비즈니스 프레젠테이션 Business Presentations

Week	Title	Overview
WEEK 04	발표 목적과 발표자 소개 Introducing the Goal of the Presentation and the Presenter	■ 발표자 소개하기 Introducing a presenter ■ 발표 목적 알리기 Informing about the purpose of the presentation ■ 발표 절차 안내하기 Explaining the procedure of the presentation
WEEK 05	발표 시작과 전개 Starting and Developing a Presentation	■ 효과적으로 발표 시작하기 Starting a presentation effectively ■ 발표 전개하기 Developing a presentation ■ 주제 전환하기 Switching topics
WEEK 06	발표 마무리하기 및 질문받기 Concluding a Presentation and Taking Questions	■ 주요 사항 요약하기 Summarizing main points ■ 발표 마무리하기 Concluding a presentation ■ 질문에 답하기 Answering questions
PLUS WEEK	시각자료 사용 및 효과적인 분석 Visual Aids and Effective Analysis	■ 시각자료 소개하기 Showing visual aids ■ 효과적으로 자료 분석하기 Analyzing the visuals effectively ■ 논리적으로 발표하기 Making logical presentations

SPECIAL PART 비즈니스 이메일 Business E-mail

Unit	Title	Overview
UNIT 01	의견 묻고 나누기 Asking and Sharing Opinions	■ 의견 요청하기 Asking for opinions ■ 의견 말하기 Giving opinions ■ 의견 진술 회피하기 Avoiding giving opinions
UNIT 02	동의하기 또는 반대하기 Agreeing or Disagreeing	■ 동의하기 Agreeing ■ 반대하기 Disagreeing ■ 대안 제시하기 Proposing alternatives

English for Business Communication 시리즈는 전 3권에 걸쳐
비즈니스 업무 진행에 필수적인 영어 표현들을 습득할 수 있도록 구성하였습니다.

PART 3 효율적인 업무 진행 Performing Tasks Efficiently

Week	Title	Overview
WEEK 07	업무 지시하기 및 협조 요청하기 Directing Tasks and Asking for Help	• 업무 지시하기 Giving instructions for tasks • 도움 요청하기 Asking for favors • 부탁 거절하기 Refusing requests
WEEK 08	업무 진행 상황 체크하기 Checking the Status of Tasks	• 업무 진행 상황 파악하기 Checking on progress • 작업 일정에 대해 논의하기 Talking about work schedules • 업무 독촉하기 Pressuring subordinates
WEEK 09	문제에 대한 논의 및 해결 Discussing and Solving Problems	• 문제 보고하기 Reporting problems • 문제의 원인 설명하기 Explaining the causes of problems • 문제의 해결책 찾기 Finding solutions to problems
PLUS WEEK	스트레스 관리 및 자기계발 Controlling Stress and Self-improvement	• 스트레스에 대해 이야기하기 Talking about stress • 자기계발에 대해 이야기하기 Talking about self-improvement • 건강관리에 대해 이야기하기 Talking about health care

PART 4 효과적인 의사 표현 Expressing Opinions Effectively

Week	Title	Overview
WEEK 10	의견 교환 및 상호 신뢰 Exchanging Opinions and Mutual Trust	• 분명하게 의견 표현하기 Expressing opinions clearly • 반어적으로 말하기 Speaking ironically • 신뢰 표현하기 Showing trust in others
WEEK 11	추측과 확신 및 불평과 이해 Guessing and Convincing & Complaining and Understanding	• 추측하기 Guessing • 확신하여 말하기 Speaking with confidence • 불평하기 Making complaints
WEEK 12	직원 평가 및 직무와 책임 Evaluating Workers & Jobs and Responsibilities	• 직원 평가하기 Evaluating workers • 책임지기 Taking responsibility • 의무 나타내기 Informing people of their duties
PLUS WEEK	반박과 호응 및 다양한 삽입어 Refuting and Responding Favorably & Interpolating	• 상대의 말에 반박하기 Refuting people's statements • 맞장구치기 Making agreeable responses • 다양한 삽입어 익히기 Learning various interpolations

Unit	Title	Overview
UNIT 03	문제점에 대해 논의하기 Talking about Problems	• 경고하기 Giving warning signs • 실망감 나타내기 Showing disappointment • 문제의 원인 파악하기 Finding causes of problems
UNIT 04	도움이나 조언 요청하기 Asking for Help or Advice	• 조언 요청하기 Ask for advice • 도움 요청하기 Asking for help • 조언 받아들이기 Accepting advice